西部地区生态绩效评估研究：新疆的实践与发展

U0954446

国家社科基金
资助项目最终成果

李　伟
杜　伟
翟少红　著

经济管理出版社
ECONOMY & MANAGEMENT PUBLISHING HOUSE

图书在版编目（CIP）数据

西部地区生态绩效评估研究：新疆的实践与发展/李伟，杜伟，翟少红著. —北京：经济管理出版社，2021.5

ISBN 978-7-5096-8016-2

Ⅰ.①西…　Ⅱ.①李…　②杜…　③翟…　Ⅲ.①生态经济—区域经济发展—研究—新疆　Ⅳ.①F127.45

中国版本图书馆 CIP 数据核字（2021）第 101477 号

组稿编辑：乔倩颖
责任编辑：乔倩颖
责任印制：黄章平
责任校对：王淑卿

出版发行：经济管理出版社
（北京市海淀区北蜂窝 8 号中雅大厦 A 座 11 层　100038）
网　　址：www.E-mp.com.cn
电　　话：（010）51915602
印　　刷：唐山玺诚印务有限公司
经　　销：新华书店
开　　本：720mm×1000mm/16
印　　张：11
字　　数：136 千字
版　　次：2021 年 6 月第 1 版　　2021 年 6 月第 1 次印刷
书　　号：ISBN 978-7-5096-8016-2
定　　价：68.00 元

前　言

“一带一路”倡议对现阶段经济发展、生态文明建设起到了巨大的贡献，但是生态绩效低下可能会导致生态优势无法充分发挥作用，一方面可能会造成经济的低效增长，生态安全问题愈加明显；另一方面可能会造成生态空间开发布局不合理、生态脆弱区严重恶化等“生态病”问题更加突出。而这些，对于“一带一路”核心区的新疆来说尤为重要。因此，有必要对“一带一路”倡议下新疆生态绩效展开考核，而考核的重点不能仅仅停留在对 GDP 的贡献等合理性分析方面，还应该分析新疆生态空间布局的合理性、生态投入产出效率、资源环境承载能力、土地利用等方面。

基于此，本书从新疆生态脆弱的原因出发，分别对新疆生态绩效的影响因素、绩效评估方法（生态足迹、能值法、数据包络法）、新疆生态空间关联情况、资源环境承载力、土地与生态协调发展进行了探讨，并对新疆生态绩效展开了实证研究，旨在建立一套“一带一路”倡议下新疆生态绩效评估指标体系与绩效提高路径。本书有利于进一步完善“一带一路”倡议下生态绩效评估研究的理论基础和方法体系，有利于促进生态脆弱区生态良性发展，为提高生态绩效提供政策参考。具体来讲，本书的研究内容及结论如下：

（1）新疆生态绩效影响因素分析，对于宏观层面的生态绩效评估该如何开展？现有的规章制度没有给出明确的答案。本书通过深入分析生态绩效现有研究成果，结合“一带一路”倡议下新疆实际情况，明确新疆生态绩效评估应从经济因素、社会因素、资源环境因素等方面开展。同时提出利用经济、人口、资源环境指标与环境质量综合指数对新疆生态绩效进行探讨，可知新疆工业生产总值、农业生产总值、农用塑料薄膜、人口、水土流失治理、环境污染治理投资等是新疆生态绩效的直接影响因素。

（2）新疆生态绩效评估研究。本书分别从生态足迹视角、能值视角、投入产出效率视角、空间关联视角、生态环境承载力视角对新疆生态绩效进行了评估，利用熵值法、数据包络法、CRITIC 法、TOPSIS 等方法对新疆生态绩效的时空演变进行了测算。从总体来看，新疆生态足迹略高于西北五省，新疆人均实际生态承载力在 2007～2015 年一直呈下降趋势，而新疆的实际生态承载力却在 9 年间基本未变；新疆的人均生态足迹不断上升，且上升的速度小幅度增加，人均生态承载力却在不断下降；新疆生态稳定性脆弱，投入大量人力、财力、技术，不能获得立竿见影的效果，需要长期治理，生态绿当量逐渐增加，新疆生态状况逐步好转；新疆资源环境承载力在 2005～2017 年总体呈现在曲折波动中而不断上升的动态变化趋势；2005～2008 年南疆环境承载力高于北疆，但从 2009 年起南疆环境承载力开始低于北疆，说明南疆生态环境比北疆更加脆弱；2005～2017 年，新疆生态绩效—经济发展力耦合协调度呈现稳步上升态势；2006～2015 年，新疆大部分时间都是生态环境滞后型；基于此，为新疆生态绩效改善措施提供科学依据。

（3）“一带一路”倡议下，就新疆生态绩效的优势、劣势、机会和威胁进行 SWOT 分析，并探讨新疆生态绩效面临的机遇与挑战。新疆应努力克服人才教育、交通运输、科技创新等滞后因素，抓住生态旅游、边境贸易等机遇，处理好产能过剩、生态资源整合开发难度大、生态基础设施不完善等问题，才能有效发挥"一带一路"倡议下新疆自然资源、地缘、文化等优势。

（4）在以上实证研究的基础上，通过文献梳理，本书在"一带一路"倡议下，探讨提高新疆生态绩效的路径选择。第一，通过供给侧结构性改革推动金融资源参与技术创新。第二，引入风险投资降低技术创新的不确定性。第三，制定"一带一路"倡议下新疆生态发展的整体策略。第四，编制自然资源资产负债表并加强生态绩效审计。第五，根据新疆生态绩效实证分析提出政策建议：充分发挥政策金融杠杆作用，引导、撬动金融资源服务创新驱动发展，引导和激励金融资源主动向高新技术和创新驱动领域流动，更好地发挥金融资源支持创新驱动发展的战略作用；壮大风险投资机构规模，提高风险投资机构专业化水平，提升风险投资机构为高新技术企业技术创新提供支持的风险管理能力，鼓励风险投资机构采取适当策略对高新技术企业投资，为高新技术企业技术商业化提供资金支持；提高政府行政效率，为企业技术创新提供良好的市场环境、法律环境和融资环境；政府应尽快对各类自然资源建立统一的管理平台，以实现各类自然资源相关数据的共享，利用大数据分析技术及地理信息系统遥感技术等新的审计技术对自然资源的数量、质量、价值及自然资源的存量、流量等获取充分且适当的审计证据。最后，在"一带一路"倡议下，提出新疆生态总体发展策略：深化改善生态消费结构；健全和完善生态相关法律法规；重视营销，准确定位；结合时代内容创新挖掘文化内涵；加强生态行业人才培训，提高服务质量。

目　录

第1章　绪论

1.1　研究背景

自生态文明建设纳入“五位一体”总体布局以来，伴随着区域经济迅猛发展，新疆维吾尔自治区（以下简称新疆）作为“一带一路”倡议的核心区，生态文明建设快速推进。据统计，2019年新疆生态文明建中央预算内设投资达到2.38亿元。生态文明建设的推进，转变了新疆经济发展方式，促进了居民生活水平全面提升。同时，在“一带一路”倡议下，新疆生态脆弱、生态承载力小、区域发展不平衡等问题更加凸显。

生态文明与人类社会发展可以互相促进并不矛盾，但生态文明建设的好坏直接影响到人类社会发展的可持续性。在经济发展主要靠资本投入的前提下，新疆政府基础设施建设投入力度的加大以及土地资本的投入，却造成生态建设的低效。这种生态发展模式不仅没有提高区域经济发展水平，反而在一定程度上制约了经济发展，并导致生态与经济社会发展矛盾突出。与此同时，新疆生态空间布局分化现象逐渐凸显。借鉴国外先进经验，测算新疆生态绩效水平，引导有序、科学、集约进行生态建设，一方面生态文明建设促进经济社会可持续发展；另一方面经济社会的可持续发展反哺生态文明建设，实现生态文明建设与经济社会发展协调互动。

2018 年，生态文明被写入宪法，旨在加快推进生态文明建设治理体系和治理能力现代化。截至 2019 年 8 月 2 日，已出台涉及生态环保领域 13 部法律、30 部行政法规，2019 年 6 月出台的中国共产党党内法规《中央生态环境保护督察工作规定》就如何提高生态绩效作出了一系列重大决策部署。在“一带一路”倡议下，新疆进行生态文明建设的关键是了解新疆不同地州生态绩效情况、生态时空演变。“绩效评估”这一先进管理工具，可以很好地厘清新疆生态绩效和产生的效益水平，从而为提高新疆生态绩效提供参考，为新疆“一带一路”倡议做出更大的贡献。目前针对“一带一路”倡议下新疆生态绩效如何评估的研究较少，但是关于生态安全、生态服务价值研究较为充分。同时，新疆出台的《新疆维吾尔自治区水污染防治工作方案》、自治区人民政府办公厅制定印发的《新疆维吾尔自治区水污染防治工作方案实施情况考核办法（试行）》是对水污染防治绩效考核的规范和说明，旨在提升水的生态绩效，加强生态管理。但“一带一路”倡议下，新疆生态绩效评估指标体系、提升生态绩效的路径还有待深入研究。

生态绩效评估是推进国家治理体系治理能力的重要工具，是对地方政府生态文明建设效果的评定。生态绩效评估工作是由以前的“经济效果”导向转为“生态效果”导向的产物，生态绩效评估作为对地方政府落实生态文明建设战略和“绿水青山就是金山银山”思想的实际效果的考评。生态绩效评估必将成为生态文明建设的重要导向和约束。

综上所述，“一带一路”倡议下，新疆生态绩效评估面临的核心问题有：

（1）传统的生态绩效评估着重评估生态服务价值，在“一带一路”倡议下，新疆作为核心区，该注重什么？该如何构建指标体系？

（2）“一带一路”倡议对生态提出了新的要求，那么“一带一路”倡议下，影响新疆生态绩效的因素有哪些？评估该如何开展？

（3）“一带一路”倡议下，新疆生态自身有哪些优势劣势？有哪些机会和威胁？面临哪些机遇与挑战？提高新疆生态绩效的路径有哪些？

因此有必要对“一带一路”倡议下，新疆生态绩效所面临的核心问题开展深入研究，从而为提高新疆生态绩效提供路径支持，进而为新疆生态文明建设管理者提供有效的政策依据和决策方案。

1.2　研究目的与意义

1.2.1　研究目的

在“一带一路”倡议下，在全国生态文明建设的背景下，新疆作为丝绸之路经济带上重要的省份，其生态文明建设的质量将直接影响丝绸之路经济带的发展质量。当前在转变经济发展方式、转换经济发展动能之际，生态绩效评估是实现生态文明的重要手段，也是丝绸之路经济带建设的必然选择。本书在“一带一路”倡议下，对新疆生态绩效相关问题展开系统研究，通过构建新疆生态绩效评估指标体系，并通过改进的熵值法对指标体系赋权重，从生态足迹、能值视域下运用数据包络分析等方法构建新疆生态绩效评估模型以期达到如下研究目的：①进一步梳理生态绩效评估指标体系，明确生态绩效评估方向，并构建生态绩效评估指标体系，从而精准掌握“一带一路”倡议下新疆生态绩效的影响因素、内涵；②通过构建“一带一路”倡议下生态绩效指标体系，计算生态能值、生态足迹，科学合理地反映新疆各地州生态绩效水平，为区域发展与优化布局提供建议，进而提高生态绩效；③在供给侧结构性改革的背景下，如何通过技术创新提高生态绩效提供路径支撑，从而为新疆生态绩效提出针对性改善措施。

1.2.2 研究意义

2013 年，国家主席习近平向世界发出了“一带一路”倡议。其中“一带一路”建设是我国在新的历史条件下，塑造国家新的竞争优势、打造新的经济增长极、拓展新的对外开放格局、注入新的区域经济发展动力的重大战略举措。这给新疆带来了发展机遇，新疆通过参与丝绸之路经济带核心区建设，为新疆的社会稳定和长治久安大局谱写新乐章。与此同时，新疆生态环境问题依然严峻，必须重视生态脆弱问题。新疆严酷的自然条件和高强度的绿洲开发，使原本脆弱的生态环境受到不同程度的干扰和破坏。新疆如何在丝绸之路经济带建设中提高生态绩效值得深思和研究。

本书以新疆生态绩效为研究对象，主要基于以下考虑：

从现实意义来说，人类社会是一个复杂的生态系统，生态环境直接影响经济社会发展。要维护新疆的经济增长和社会和谐发展，前提条件是生态环境持续健康发展，实现生态与经济社会发展良性互动，互为补充。这就需要通过对生态文明建设进行优化，科学动态管理生态资源，为实现美丽和谐新疆发展提供决策依据。通过生态绩效评估统筹谋划人口分布、经济布局、国土利用，逐步形成新疆社会、经济、生态环境相协调的时空开发格局，促进新疆地区和谐永续发展，完善现行相关规划、时空管控机制，为“一带一路”倡议发挥作用，提高生态安全系数，最终实现新疆的长治久安，无疑具有重大意义。

首先，本书回答了在“一带一路”倡议下，新疆生态绩效是否存在无效、低效的问题，以及哪些方面存在无效、低效的问题且如何改善，研究结果对新疆作为“一带一路”核心区提高生态绩效提供依据。其次，由于新疆不同地州自然环境基础、生态脆弱性不同而导致各地州之间存在明显的生态绩效的差异性，本书以新疆各地州层面的生态绩效作为研究单元，既有利于了解新疆各地州之间生态空间布局，也有利于了解不同地州之间不同时间生态绩效的差异及演变过程，从而使地方政府准确把握影响各地州生态绩效的不同因素，并为各地州挖掘生态潜力提供参考，进而制定更加细化的相关政策，使生态与经济社会发展形成良性互动。最后，明确新疆在“一带一路”倡议下生态面临的机遇与挑战，更好地发挥新疆生态的比较优势。因此，本书通过不同方法、不同视角，并结合生态承载力及新疆土地利用对新疆生态绩效进行评估，从而为新疆在“一带一路”倡议下提高生态绩效提供路径选择和政策参考。

从理论意义来说，新疆经济社会发展正处于高质量发展阶段，为了解决新疆“生态”问题，必须进行生态绩效考核，生态绩效评估作为评估新疆生态空间布局是否合理、生态开发是否集约、效益是否高效，其研究比较少。本书运用统计学、经济学原理，采用改进的熵值法，以新疆生态资源调查为基础，构建新疆生态绩效评估模型，将为生态学、经济学等学科关于生态绩效的问题提供新的个案和材料。

1.3　研究内容、重点难点

1.3.1　研究内容

本书对“一带一路”倡议下新疆生态绩效进行深入探讨，将解决以下几个问题：“一带一路”倡议的新形势下，新疆生态绩效该如何评估？应选取哪些代表性的指标？评估指标体系该如何客观地赋权重？新疆生态绩效评估结果如何？如何构建新疆生态绩效管理系统？

本书对新疆生态绩效进行评估，由于新疆所处的地理环境不同，丝绸之路经济带建设的地位不同，对新疆的生态绩效通过生态维度、社会维度和经济维度进行评估，据此，本书主要研究以下几个方面的内容：

（1）构建新疆生态绩效评估框架模型，包括生态维度框架模型、社会维度框架模型和经济维度框架模型。阐述指标框架体系构建原则、指导思想及指标构成。

（2）确定评估指标及指标权重。本书借鉴前人的研究成果，并结合专家的意见确定具体指标。采用改进的熵值法确定指标的权重。

（3）新疆生态绩效实证研究。通过建立的生态绩效评估模型对新疆的生态绩效进行实证研究，通过实证结果分析，找出丝绸之路经济带建设中新疆生态面临的机遇与挑战。

（4）促进新疆生态可持续发展的具体建议。包括：政府在提高生态绩效的作用和定位；积极发挥对口援疆的“输血”优势，提升其自我“造血”能力；构建新疆生态环境的发展机制；提高生态责任主体自我管理的意识和能力；依托高校和其他组织机构建立配套的生态跟踪指导；引入风险资本服务企业技术创新，推动供给侧结构性改革，转变经济发展方式。

1.3.2 研究的重点难点

本书在丝绸之路经济带建设的背景下，通过评估新疆的生态绩效，旨在说明当前社会关注丝绸之路经济带建设不应只考虑经济增长，而应更加关心生态的绩效。新疆生态绩效作为民生的一部分，有着特殊的地理特性，原本脆弱的生态环境受到不同程度的干扰和破坏。新疆做出了巨大的努力来保护生态环境，但生态绩效究竟如何？因此本书的研究重点是建立科学合理的生态绩效评估模型，如何选取评估指标及指标权重如何确定都将是研究的难点。另外新疆生态绩效与其他地方生态绩效有诸多的差异，厘清这些差异，找到提高新疆生态绩效的对策也将成为本书的重点内容。

1.4 研究思路和研究方法

本书将依循理论探讨——模型建立——实证研究——对策分析的思路展开，运用生态学理论、绩效评估理论，采用科际整合的研究方法。首先，在了解国内外研究最新进展的基础上，对本书的研究内容及范围进行界定；其次，在"一带一路"倡议下构建新疆生态绩效评估模型，并对新疆生态绩效进行实证研究；最后，通过对新疆生态绩效评估结果的分析，多视角探讨提高新疆生态绩效的思路与路径。

根据研究性质，本书的研究方法主要有两种：

一是定性与定量相结合的研究法。在建立指标体系时，结合新疆的实际情况及丝绸之路经济带建设的背景，对指标的选取进行定性分析，在对指标赋权重时采用改进的熵值法。

二是实证研究法。运用建立的生态绩效评估模型对新疆的生态绩效进行实证研究，在此基础上分析新疆在丝绸之路经济带建设中面临的机遇与挑战，并提出相关的建议。

第2章　国内外研究现状

2.1　与生态绩效评估相关的研究现状

2.1.1　有关绩效评估的研究

绩效评估最早可以追溯到“科学管理之父”泰勒于1911年出版的*The Principles of Scientific Management*中介绍的科学管理理论思想，20世纪80年代政府运用绩效管理理论开始尝试绩效评估。政府绩效评估于1983年起源于英国，其标志为《国家审计法案》的颁布。英国政府绩效评估首先在中央政府推行，随后推广到地方政府，经过三十多年的发展，英国建立了完善的绩效评估体系。与英国相比，德国的政府绩效评估是自愿进行的，且尚未形成统一的模式。美国国家绩效评估制度始于1993年联邦政府通过的《政府绩效和结果法案》，自此美国政府开始实施绩效导向的预算。澳大利亚联邦政府于2000年正式执行公共支出绩效考评制度。

我国政府绩效评估起步相对较晚，自20世纪80年代改革开放以来，我国于1993年颁布的《国家公务员暂行条例》标志着对公务员进行绩效评估改革，自此我国开始积极探索政府绩效评估。党的十六届三中全会提出建立预算绩效评估体系。2011年财政部颁布了《财政支出绩效评价管理办法》。2014年8月31日，国家最高立法机关通过了《预算法》修正案草案。新的预算法有助于对“软预算”进行约束，加大了公开透明的程度，加强了重点支出和重大投资项目的监管力度，有助于提高各级政府的财政绩效。

我国政府绩效评估是借鉴其他领域的绩效评估发展而来的。通过文献检索，最早的绩效评估是对中外合资经营及承包责任制的研究，直到1999年政府绩效评估才进入学者的研究范围中，例如关于乡镇政府绩效评估存在的问题及对策。2000年以后我国政府绩效评估研究呈现非常良好的势头。

2.1.2 有关生态绩效评估的研究

英国林业委员会于1997年根据林业预算绩效评价基本制度构建了一系列评价指标。澳大利亚于1997年推行公共预算改革后，先后在不同的资源管理部门开展了绩效评价。另外，德国在2000年前后开展了环境绩效评价。

在生态绩效评价指标体系方面，Lisa Segnestam（2002）探讨了国际、国家、区域三个层次的指标体系，另外还有一些国际组织提出了环境效果、管理效率、财务稳健三个层面的环保绩效评估。Jehng - Jung Kao 等（2009）提出用生态预算模式可增加环境发展的可持续性。Stefan Hajkowicz（2007）运用了多标准分析方法实现环保资金收支均衡以提高自然资源管理能力，然后界定了生态保护和恢复的内生能力。何艳桃、王礼力

（2008）确定了农业生产经营者的两个生态绩效因子（对自然和生态环境的影响、合理利用自然资源）构建了包括 14 个指标的生态绩效评价指标体系。温素彬（2010）通过构建包括经济利益、生态利益、社会利益三个维度的绩效立方体，设计了企业层面绩效评估指标体系和绩效矩阵。宋叙言、沈江（2015）从资源节约、废弃物循环利用和污染控制三个维度建立了包括 14 个指标的生态工业园区生态评价指标体系，并通过 13 个工业园区验证了指标体系的可行性和合理性。崔许锋等（2017）从经济绩效、社会绩效、生态绩效三个维度 12 个指标构建了土地生态绩效评价指标体系。田秀杰、符建华（2018）对四个生态功能区从生态环境、经济发展、政府服务三个维度 21 个指标构建了绩效评价指标体系，随着对生态绩效方面的研究不断深入和细化，国内专家学者对此研究向更广的领域探索。管理有效性评估方法、DEA 等方法运用到生态绩效评估领域。郑昕（2008）利用德尔菲法、层次分析法确定了评估因子的权重，并以吉林龙湾自然保护区为例进行了实证研究。安超、沈清基（2013）从多方面构建了绿色基础设施网络并检验了生态绩效，其构建的绿色基础设施网络既体现了“自然生态”，也体现了“人文生态”。曾琼、孟全省（2017）通过确定自然资源总资产和净资产来计算自然资源权益乘数，评估地方政府生态绩效，提出地方政府应编制生态绩效报表。蒋瞻、蔡志坚、秦希（2019）提出通过加大低资本成本的资金投入，投入更多林地提高林业生态绩效的路径。周旭东、吕光辉（2019）运用 DEA 超效率模型，对新疆 14 个地州工业生态效率进行测评得出其总体水平不高但发展趋势良好的结论。但经典 DEA 方法一方面忽略了现实系统的复杂性，另一方面也忽略了系统的动态性。孙佰清等（2010）首次提出了相对动态的生态绩效评估方法。也有学者关注新疆地区的生态绩效，刘静（2012）对新疆林业财政支出进行了分类，设计了基于项目分类的绩效评估体系并提出了相关建议。

本书将在“一带一路”倡议下，重新设计生态绩效评估指标体系，采用改进的熵值法，从生态足迹、能值视角分别计算新疆生态绩效，并提出供给侧结构性改革、引入风险资本促进技术创新、编制自然资源资产负债表以调高新疆生态绩效。

2.2 与新疆生态相关的研究

雷亚君等（2017）引入水资源负载指数对新疆水资源生态足迹及生态承载力进行测算，并通过灰色预测模型预测了2015～2025年新疆生态赤字/盈余趋势，结果表明，新疆水资源利用情况一致处于不可持续状态，并且未来形势依旧严峻。刘芳、梁红军（2019）认为，推动科技创新是提升新疆兵团水资源生态安全的关键点之一，张斌、赵国春（2019）研究了对口援疆政策的生态效应，发现新疆大部分受援地区生态状况得到了改善，但生态修复能力仍处于低水平，提出在充分考虑新疆受援地区生态承载力的前提下深入推进对口援疆政策，达到“输血与造血”齐头并进的良好效果。刘志有等（2018）研究了塔城地区土地生态安全影响因素，并在此基础上构建了土地生态安全管控机制。赵喆等（2018）通过构建生态安全评价指标体系，对新疆丝绸之路南线17个县市的生态安全进行了评估并对障碍因子进行了分析，表明生态安全总体处于上升趋势，与刘时栋等（2019）的土地生态安全总体水平不断提高观点类似。但韦良焕等（2017）认为，新疆环境压力等级升高的趋势不容忽视，应继续供给侧结构性改革、技术创新改变粗放经济发展方式。张乃明等（2019）通过主成分分析耦合出博乐市遥感生态指数进行分析，得出耕地和城市建设用地是生态恶化的集中区域，合理配置资源和土地利用能改善生态环境。

综上所述，土地利用、生态承载力对新疆生态有很大影响，本书就新疆土地利用与生态保护协调发展进行分析，在构建下文中的指标体系中充分考虑水资源、土地等生态影响因子，并从技术创新，供给侧结构性改革等方面探寻提高新疆生态绩效的路径。

2.3 风险投资与技术创新相关研究现状

风险投资的风险管理功能可以较好地支持高风险高新技术创新项目。风险投资不仅给予高新技术创新项目必要的资金支持，而且为高新技术企业提供一系列有价值的战略管理、组织管理、经营管理、运营管理、人力资源规划等创业指导相关服务。Nanda 和 Kropf（2013）发现，在发达的资本市场上风险资本通过降低投资者的早期试错成本，更青睐投资技术创新高的初创公司。Ferrary 和 Granovetter（2009）对硅谷大量公司的原创性高新技术创新的原因进行分析，指出风险资本的五大功能即融资、筛选、共同学习、嵌入和信号反馈在创新生态集群和网络中起到至关重要的作用，并为硅谷企业技术创新做出特殊贡献。Lahr 和 Mina（2016）发现专利与风险投资具有互相促进的作用，一方面在专利信号的引导下，风险投资家更倾向投资具有商业化可行性的高新技术企业；另一方面风险投资更有可能提高专利的合理性但对增加专利数量的效果不明显。

国内专家学者针对风险投资与技术创新进行了大量的探索、研究，成果丰硕。李成、王婷（2015）认为，风险资本与创新增值潜力存在互相促进的作用，一方面风险资本与创新增值在运作周期方面具有高度的匹配性；另一方面技术创新又为风险资本带来增值效应。焦跃华和黄永安（2014）认为风险投资持有期较长、风险投资回报较高的公司，未来科技创新能力和水平较高、绩效较好。芦锋、韩尚容（2015）发现，在不同阶段促进技术创新的因素大有差别，在技术初创阶段，外源风险融资对知识产权数量有着促进作用，而在高新技术产业化阶段，发达的金融体系对技术创新有着促进作用。杨胜刚、张一帆（2017）认为，风险投资机构持股时间越长企业的研发投入越多，研发效率会随着持股时间而提升；风险投资持股时间能有效促进企业的创新产出率。李爽（2017）对中国企业实证研究，结果认为风险投资对企业技术创新具有促进作用，且进入时机越早，对企业技术创新促进作用越大。许昊等（2017）发现，风险投资促进了中国区域技术创新产出，并呈现滞后效应和倒“U”形趋势。此外，融资结构也会对企业技术创新持续性产生影响。段海艳（2017）认为公司规模越大持续创新能力水平越强，但持续创新与公司盈利能力和债权融资规模关系不大。何郁冰、张思（2017）发现，创新持续性与企业绩效之间呈现倒“U”形关系。邹双、成力为（2017）发现相比突破式创新，上市前第2年进入企业的风险投资对渐进式创新的促进作用更大。罗军（2018）发现，民营企业研发资金投入对模仿和自主创新的影响均存在融资约束门槛效应。

综上所述，现有研究关于风投融资对企业技术创新的影响效应仍存在争议，而且鲜有文献从风险容忍度视角对风险投资多轮融资过程促进技术创新的效果进行实证检验。本书将从两方面对现有研究进行拓展：一是分析风险投资多轮融资特征，揭示风险投资机构风险容忍度提升激励企业家技术创新的影响机理；二是分析风险投资促进技术创新以实现供给侧结构性改革进而提高生态绩效的路径。

第 3 章　生态绩效内涵及相关理论基础

3.1　新疆生态绩效评估内涵

生态绩效的内涵是开展生态绩效评估的基础，是开展生态绩效评估的先决条件，而生态绩效评估则是生态绩效内涵的定量化表达，这两者紧密相连。生态绩效是一个相对概念，其产生的效用相对于投入的效率以及既定生态目标的实现程度，若脱离了生态目标，则生态绩效无从谈起。而且生态绩效表达的价值内涵与评估对象所处的区域及时代背景有关，时代背景不同区域条件不同，即使评估值一样，也会导致生态绩效产生的效用不同，其代表的绩效内涵价值也不相同。与此同时，“一带一路”倡议对生态绩效提出了新的要求。本书将结合“一带一路”倡议下对新疆生态绩效评估的新要求新标准，从新疆生态绩效的影响因素出发，分别从不同视角评估新疆生态绩效。

新疆生态绩效评估是指评估主体在“一带一路”倡议下根据新疆生态

所产生的效用进行基本的定性定量判断，从而为提高新疆生态绩效指明方向。其核心是把握新疆生态绩效的内涵，而价值内涵是贯穿整个绩效评估的关键，并对评估视角、指标体系构建、评估方法选择产生方向性的影响。而新疆生态绩效评估是在传统绩效评估的基础上，结合新疆作为“一带一路”核心区这一特定评估对象和生态文明建设要求，对新疆生态文明建设效果和效益进行科学综合评估，要想准确把握其内涵，首先要明确“一带一路”倡议下，新疆生态绩效的影响因素。

本书认为，新疆生态绩效评估是在充分考虑到“一带一路”倡议的基础上，结合新疆生态环境的特点，通过不同视角构建评估指标体系，运用科学规范的评估方法，对新疆生态绩效的时空演变进行科学的测算和比较。本书不同于传统的绩效评估，主要“新”在：①从不同视角构建不同模型对新疆各地州在“一带一路”倡议下生态绩效进行评估；②研究了新疆生态绩效与环境承载力耦合协调度；③研究新疆土地利用与生态保护协调发展情况；④提出技术创新、供给侧结构性改革、引入风险投资推动金融资源支持技术创新等路径提高新疆生态绩效，更好地为“一带一路”倡议服务。

3.2 生态审计理论

3.2.1 政府生态绩效审计概念界定与辨析

政府生态绩效审计是政府绩效审计的一个分支，既是生态文明建设的必然产物，也是推动生态文明建设的有力工具（李春华，2017），更是新常态下政府审计的转型升级。结合美国对绩效审计的定义，本书对政府生态绩效审计的定义如下：根据生态文明建设的总体要求，对政府生态文明建设所产生的绩效和可持续性进行动态的系统审查和评估，为实施考核的有关各方提供信息。

绩效是结果，政府生态绩效审计是以结果为导向的审计，对结果实施审计离不开对管理过程的追踪。因此，政府生态绩效审计更能引导政府注重结果管理和长期目标的实现。政府生态绩效审计不同于经济责任审计，经济责任审计的对象是承担经济职责的领导干部，采取责任导向模式进行审计，大多是合规性审计。而政府生态绩效审计除了合规审计外，还要对合规的生态文明建设活动的效率效果进行审计。然而二者之间又有着紧密的联系，即审计主体都是政府审计机关，有时二者可以同时进行。

绩效审计与绩效评估不同，绩效审计是一种事实判断，是对过去投入产出的效率、公众的满意程度进行审查，以公众满意度为审计导向，着眼于未来。绩效评估一般需要一套系统的评估指标体系，对各个指标赋予权重，计算最终综合得分。

基于生态与环境的内涵不同，生态绩效审计与环境绩效审计也有区别。环境是生态的组成部分，环境是以人为中心，强调人的主导地位，而生态具有系统性、平衡性。环境是相对静态的概念，而生态是相对动态的概念（陈若华，2013）。因此生态绩效审计与环境绩效审计在形态方面存在着差别。

3.2.2 政府生态绩效审计与管理审计、经济效益审计比较

政府生态绩效审计不仅局限于财务的真实性、公允性、发表审计意见，而已向管理领域延伸。政府生态绩效审计、管理审计及经济效益审计极为相似：政府生态绩效审计涵盖了政府生态管理活动全过程，政府的每

一项生态绩效管理活动都与效益、绩效相关，这样经济效益审计也涵盖了全部管理活动。政府生态绩效审计以增加生态价值为目的，管理审计同样以增加价值为目的，经济效益审计以提高经济效益为目的，经济效益是增值的最直接体现。政府生态绩效审计、管理审计及经济效益审计都是基于结果导向的审计，重点关注长远发展及长远目标的实现。三者之间虽然有较多的相似之处，但也存在着明显的差异：

（1）审计主体不同。政府生态绩效审计的主体主要是政府审计部门，但政府审计机关已无法应对日益扩大的生态绩效审计的范围，应充实审计主体，政府审计机构应充分利用内部审计机构、民间审计组织的相关信息提高审计的效率，形成政府审计机关为主导、内部审计为免疫系统、民间审计为后备力量的三位一体格局，同时鼓励社会公众参与到生态绩效审计中来，聘请社会公众作为特约审计员，及时公开生态绩效审计结果，通过社会公众舆论压力形成生态文明建设协同机制（陈献东，2014）。管理审计、经济效益审计的主体主要是内部审计机构及民间审计组织。

（2）审计的内容不同。政府生态绩效审计内容主要是自然资源开发利用、生态修复、生态保护以及生态建设的投入产出绩效，是对整个生态系统的绩效审计，更加注重管理绩效、经济绩效、社会绩效、生态绩效的协调统一。政府生态绩效审计是责任链审计，综合考虑影响生态绩效的各种因素，如生态政策制定与执行、生态责任的履行等，以此对低效、无效责任主体追责问责，扩大政府生态绩效审计的覆盖面，提高审计的质量和效果（延鑫，2017）。审计的内容不仅关注当前的绩效，还要考虑长远影响。管理审计的内容主要是企业内部控制的有效性、经营活动的效率等。而经济效益审计的内容主要是受托方经营的效率、效果。

（3）审计的客体不同。政府生态绩效审计的客体是负有生态文明建设受托责任的各级政府第一责任人、生态政策和措施的制定者、履行监督职能的各级生态环境部门、用于生态文明建设的财政资金预算单位、企事业单位、生产性社会主体等生态建设者（牛晓叶等，2016）。管理审计、经济效益审计的客体主要是企业内部的经济管理活动。

3.2.3 政府生态绩效审计评价维度

随着政府职能从新公共管理转向新公共服务，政府生态绩效审计评价维度除了传统的审计评价：经济性、效率性和效果性（3E）外，应增加生态性（Ecology）和公开性（Publicness），由 3E 审计发展为 4E + P 审计。这一发展体现了社会公众对政府绩效审计的诉求的变化。本书结合政府绩效评估特性，认为政府生态绩效评估维度应为：经济性、效率性、效果性、生态性和公开性（4E + P）。

生态性是指在经济社会发展过程中是否符合生态保护要求，是否以最少的资源获得了最大的效益，包括经济效益、社会效益、生态效益；包括当前效益、长远效益；包括直接效益、间接效益；是否以最少的成本解决了生态问题（李明太，2011）；是否达到了生态功能保护和生物物种资源保护的要求；生态空间结构、生态安全格局是否合理；生态保护红线是否不断优化和完善；跨区域生态保护红线是否有序衔接；生态产品供给区域（水源涵养区、水土保持区、防风固沙区和生物多样性维护区）供给能力是否具有可持续性。

公开性是指政府生态建设项目审批、招标、建设过程的公开透明；政府履行生态责任公开透明；政府生态建设财政财务收支公开透明。

根据党的十八届三中全会精神，对自然资源资产负债表审计是地方政府生态绩效审计的基础（黄溶冰等，2015），目前我国普遍实施领导干部自然资源资产离任审计，通过离任审计来反映领导干部任职期间的履责情况。对于领导干部的生态责任及生态绩效履责情况需要每年进行审计，如果仅在离任时进行审计过于滞后，离任审计不能满足领导干部较长的任职期间对生态责任履职情况的监督要求（蔡春等，2014）。为了克服这种滞后性，以地方政府每年编制的自然资源资产负债表为抓手，对地方政府进行生态绩效进行任中审计。我国自然资源资产负债表编制工作由试点已经进展到全面展开。自然资源资产负债表恰好以生态绩效为标的，对领导干部进行生态绩效任中审计提供了技术标准。

3.2.4 自然资源资产负债表编制

自然资源资产核算非常复杂，首先要确定核算范围，同时须突破传统的资源无价观念，对自然资源进行价值量化。此外需建立自然资产负债表编制准则和体系。

中华百科大词典中对自然资源的解释为：泛指存在于自然界、能为人类利用的自然条件（自然环境要素）。联合国环境规划署定义为：在特定的时空条件下，能够促进人类经济社会发展，并产生正向价值，以提高人类社会现在和未来福祉的自然环境，通常包括各类自然资源和能源。它同人类社会发展有着必然的联系：既是人类赖以生存的重要物质基础、空间基础，又是社会生产所需的投入来源和前提条件及必要场所。

自然资源是在特定时空下的相对概念，随着人类社会生产力的发展与新的科学技术的应用，部分自然条件在特定的生产力水平和科技水平下可转换为自然资源。自然资源具有有限性、整体性等特点。

自然资源按照提供的物质能量分为：土地资源、气候资源、水资源、生物资源、矿产资源。按照其增殖性能可分为可再生资源（如太阳辐射、风、水利等)、可更新自然资源(如动植物资源)和非可再生资源(如地质资源和半地质资源)。

根据研究目的,本书中自然资源是广义的自然资源,包括自然生态空间(水流、森林、山岭、草原、荒地、滩涂)和自然资源(土地资源、气候资源、水资源、生物资源、矿产资源)。

(1)自然资源资产负债表的本质内涵。自然资源资产负债表就是核算在某一特定时间点自然资源资产、负债的存量状况,以真实、完整地记录当期地方政府和各经济主体对自然资源资产的增(恢复和增殖)减(使用和消耗)变动(期末—期初)及结余(占有)的价值量,核算和反映当期自然资源资产实物量和价值量的变化。其本质上是一种管理创新工具,通过编制自然资源资产负债表可以控制和创新政府生态行为,避免其唯GDP至上带来的环境恶化、自然资源过度开发等盲目行为。

编制自然资源资产负债表能够增强政府对资源的控制,更有效地进行资源配置,使公众有效地评估政府的政绩,可以为政绩考核和问责提供有效手段。通过编制自然资源资产负债表,能够提供更综合的数据系统、更加一致的报告框架,有助于建立长期发展政策以及评估长期可持续发展能力。作为施政者,可以依据更完整的信息从长期财务计划角度进行综合的财务分析。自然资源资产负债表本身并不能带来根本性变革,但能对经济发展理念和方式的改革提供一定的基础,最终实现国家良治。

自然资源资产负债表表面提供了关于该行政区域的自然资源的增减变动情况,其本质上反映的是政府有关自然资源的行为以及所履行的生态文明建设责任。编制自然资源资产负债表是对地方政府第一责任人的生态文明建设的行为进行考核,以自然资源管理为目的,减少经济发展对自然资源及生态空间带来的不利影响,降低自然资源风险。

（2）自然资源资产负债表编制的重点。

1）生态服务价值的确定。由于自然资源资产和负债的价值变动具有滞后性，甚至对自然资源的投入、产出存在空间错位，如何科学精确地量化资产、负债价值？如何科学精确地量化生态服务价值？当前尚没有统一的核算体系。

2）自然资源资产范围的确定。按照现有资产的定义及资产的两个确认条件，自然资源并非都能够作为现实资产纳入自然资源资产负债表中。例如，在当前技术条件下无法开采的或利用的自然资源，其成本不能可靠计量，所以暂时不应将其确认为自然资源资产。

3）自然资源资产的合理估值。自然资源资产负债表编制的最大难点和制约是自然资源资产的货币化问题。即使同时采用实物量反映和货币量反映来列报和披露自然资源资产、负债，也还需要考虑两种计量的协调与衔接的问题。

自然资源资产负债表审计，就是要审计当期自然资源资产、负债的增（恢复和增殖）减（使用和消耗）变动（期末—期初）及结余（占有）的价值量，审计当期自然资源资产实物量和价值量的变化。其本质上是一种管理创新工具，通过对自然资源资产负债表的审计可以控制和创新政府生态行为，倒逼地方政府改变唯 GDP 至上带来的环境恶化、自然资源过度开发等盲目行为。

自然资源资产负债表审计能够提高地方政府对生态资源的利用效率，能够更有效地进行资源配置，使公众更有效地评估政府的生态绩效，可以为政绩考核和问责提供有效手段。通过对自然资源资产负债表的审计，能够提供更综合的数据系统、更加一致的报告框架，有助于建立长期发展政策和评估长期可持续发展能力。作为施政者，可以依据更完整的信息从长期财务计划角度进行综合的生态绩效分析。自然资源资产负债表审计本身并不能带来根本性变革，但能对经济发展理念和方式的改革提供一定的基础，最终实现国家良治。

自然资源资产负债表表面提供了关于该行政区的自然资源的增减变动情况，其本质上反映的是政府有关自然资源的行为以及所履行的生态责任。对自然资源资产负债表审计是对地方政府领导干部的自然资源的行为进行控制，以自然资源管理为目的，减少经济发展对自然资源及生态空间带来的不利影响，降低生态风险。国内外对编制自然资产负债表没有完整的理论体系，更没有国家编制自然资源资产负债表，但很多学者对自然资源的耗用如何在国民经济账户中加以体现，研究得比较多。Nicholas Muller（2010）通过综合评估模型对美国的空气污染的边际损害进行了量化研究。国内外专家学者对环境会计探讨得比较多，包括环境会计体系的研究、环境成本（负债）的研究等。姜黎（2012）探讨了环境负债相关的会计处理。

3.2.5 自然资源资产负债表审计重大错报风险

（1）价值量账户重大错报风险。编制自然资源资产负债表的最大难点是自然资源资产的货币量化问题。即使同时采用实物量反映和货币量反映来列报和披露自然资源资产负债，也还需要考虑两种计量的协调与衔接的问题。由于自然资源资产的生态价值和社会价值具有外部性，市场主体可能会存在“搭便车”的心理，单纯依靠市场这只“看不见的手”无法对自然资源外部价值进行有效管理，导致了自然资源资产的生态价值和社会价值的负外部性，需要政府这只“看得见的手”进行管理。自然资源资产负债表价值量账户的准确性存在重大错报风险。

（2）自然资源资产范围重大错报风险。按照现有资产、负债的定义和确认条件，自然资源并非在特定的时间空间条件下都能够作为资产、负债纳入自然资源资产负债表中。例如，在当前技术条件下无法开采的自然资源，其成本不能可靠计量，不满足资产的确认条件，不能将其作为自然资源资产纳入资产负债表中。另外，一个地区自然资源种类较多，每类自然资源都有相应的归口管理部门、管理平台，涉及的数据量非常庞大。对于纳入自然资源资产负债表中的资产范围的审计，重大错报风险较高。

（3）生态负债账户重大错报风险。生态负债账户主要核算生态资源超过“承载力”范围的使用、消耗的资源量。生态负债账户还要核算对自然资源的消耗造成的环境负外部性。对于生态“承载力”“负外部性”的审计可操作性不强，自然资源资产负债表编制者对于生态“承载力”“负外部性”具有较大的“调整空间”。因此生态负债账户的完整性存在重大错报风险。

3.3 技术创新与风险投资理论

科技创新具有风险与收益对等的显著特征，与风投收益相对应的风险较高，使技术创新过程和结果充满了各种可能性和风险。

由于存在信息不对称，风险投资者对高新技术企业的再投资往往以第一轮投资效益为基础，在第一轮风险投资基础上，会降低信息的不对称程度，从而使整个项目的技术创新更加明朗，进而使风投机构再投资预期报酬率要大于首次投资的报酬率。风险投资机构与创新型企业的这种多轮博弈过程，可以释放给其他同类技术创新项目和从事同类技术创新活动的企业以及风险投资机构更多投资收益信息，因而降低了信息的不对称，提高了技术创新的可靠性。因此，风险投资机构在下一轮风投预期收益率提高的前提下，将提高风投对技术创新可靠性的预期，进而得出风险投资机构在预期被投资企业有下一轮融资的情况下，其在下一轮投资的技术创新可靠性将提高，预期收益率也将随之提高，在收益与风险对等的理论下，这就证明了多轮投资提高了风险投资机构的风险容忍总水平。Zhang（2016）认为，在风险与收益对等理论下，风险资本在逐利过程中承担和吸收了被投资企业技术创新过程中的一定风险，从而促进了技术长期不断创新，且风险资本风险承受度越大越能促进技术创新。由此可知，相比股票市场资本和银行信贷资本，具有多轮投资特征的风险资本具有更大的风险承受度，能够降低信息的不确定性，进而更能促进企业技术创新。

事实上，风险投资机构对技术创新项目的筛选也为不知情的其他参与主体提供了被投资对象技术创新质量高低的信息，有风险投资机构支持的公司也会受益于风险投资机构本身的风投能力、水平和业绩，从而帮助企业技术创新释放更好的“信号”，进而获得更多的外部机会和更高的认可度。风险资本市场为风险投资机构和创新型企业提供了良好的互动合作机会和平台，实现了实体企业的技术创新优势和风险投资机构的资本实力和风险管理水平的结合。马菁（2017）认为，提高资本结构中外部融资比例可能会提高技术创新的效率。风险投资机构不仅为被投资企业提供了资本支持，还提供了综合管理服务，不仅降低了企业技术研发失败的可能性，提高了成功的概率，更重要的是也催化了新技术的商业推广效率。综上所述，相比上一轮预期收益率，风险投资机构的下一轮的投资预期收益率要高，且风险投资机构的多轮投资提高了被投企业的风险容忍度，对企业技术创新有促进作用。更具体地，由于技术创新活动包括投入和产出两个环节，风投机构投入的风险资本对企业技术创新投入和产出均有显著的促进作用。

苟燕楠和董静（2014，2013）发现，风险资本进入企业时点越早对企业技术创新的影响越积极，风险投资机构的风险管理水平越高、投资业绩越好对被投资企业研发投入的影响越积极。进一步地，风险投资机构对被投资企业创新的技术推广支持越早，越可以提高技术商业化成功的可能性，进而整个技术创新项目的投资收益率也就越高。风险资本参与技术创新活动时点越早，越能分散技术创新风险，越能够提升被投资企业技术创新风险容忍度，激励被投资企业更主动地开展技术创新活动，风险投资机构越能够为企业提供创新技术推广服务，进而提高技术创新预期收益率。因此，风险资本进入时点越早对技术创新的影响越积极。

风险投资机构下一轮次投资的预期收益率比上一轮次投资预期收益率要高，使多轮投资机制促进更多风险投资机构对筛选出的技术创新项目进行更多次数的资本支持。随着风险投资机构对企业技术创新投资次数的增加，技术创新项目不确定性也就越低。因此，风险投资机构投资企业技术创新的次数能够提高技术创新的成功概率，风险投资机构多轮投资机制提高了被投资企业技术创新风险容忍程度，促进企业更积极地开展技术创新活动。

Inderst 和 Mueller（2009）发现，产品市场竞争越激烈，在投资、利润和企业成长方面获得风险投资机构支持的可能性越大。更进一步地，风投机构的投资不仅提升了项目的预期报酬率、降低了项目的不确定性，也缩短了企业由成长阶段进入成熟、上市阶段的进程，提高了企业技术从初创到商业推广的速度。风险投资机构对技术创新项目的选择性投资，也为其他主体提供了被投资对象技术创新质量高低的信息，因此风险投资机构有助于降低技术创新的信息不对称，有风险投资机构支持的公司也会受益于风险投资机构本身较高的风投能力和较好的业绩水平，从而帮助企业技术创新释放更多更好的“信号”，进而获得更多的成功机会和更高的成功概率（Colombo，2005；Hsu，2006；Lindsey，2008）。风险资本市场为风险投资机构和创新型企业提供了良好的合作平台和合作机会，技术创新优势和资本、风险管理优势的结合实现了企业家与风险投资家的合作共赢（Keuschnigg，2004）。风投往往倾向于投资优秀业绩的企业，Lahr 和 Mina（2016）发现，专利信号诱使风险资本家投资在商业推广方面具有可行性的高新技术企业。

3.4　供给侧结构性改革理论

供给侧结构性改革不可能自动实现，而是必须依靠科技创新商业创新，通过市场导向的大量创新试错（技术创新试验、科技成果试验、新产品或服务的市场试验），进而形成的一种新的发展机制。这种试错面临大量的不确定性。很显然，这种技术创新的不确定性决定了供给侧结构性改革发展对金融服务在投资项目偏好、投资规模、特征项目周期、项目风险特点、投资主体（银行、金融市场投资者）风险偏好和金融体系风险融资度等方面，与要素驱动和投资驱动发展存在明显不同。

具体来说：①创新驱动的项目偏好科技型和新兴产业，因此具有较高的技术不确定性；②项目投资金额较低且较分散；③项目收益高但具有较高的不确定性；④往往需要投资者具备较高的风险偏好；⑤需要投资主体承受较高的风险损失，即需要投资拥有较高的风险容忍程度。总体来看，创新驱动发展需要金融体系具备较高的风险容忍程度，然而金融资源天生的规避风险偏好，阻碍了金融资源顺利进入技术创新环节，导致了创新驱动发展对金融资源的需求远远大于金融资源对创新驱动的资金支持。

当前，我国最难的发展难题、也是最大的发展风险就是，积累的财富进入财富驱动领域，而不是流向创新驱动领域。财富驱动发展这种以“钱生钱”为特征的发展模式，对于金融资源具有天生的吸引力。一方面，资金可以获得安全稳健的投资渠道从而确保了资金安全；另一方面，金融资源可以获得较高的收益确保了资金的升值。金融资源自身追求安全和追求利润增长的内生动力，加上技术创新不确定性较高，使金融资源更倾向于配置到低风险的财富驱动领域。当前我国金融体系中助推创新驱动发展的风险分担、风险分散、风险容忍机制尚不完善，创新驱动模式本身的技术创新风险和技术不确定性导致金融资源不可能自动流向创新驱动环节，这些风险规避的金融资源必须要寻找资金升值保值出口，因此导致了金融资源过多进入财富驱动领域。金融资源过多进入财富驱动领域对国家可持续发展是最为有害的，因此需要政策来引导国民财富流向创新驱动领域，以实现供给侧结构性改革。

第4章　新疆生态绩效影响因素分析

4.1　新疆生态脆弱原因分析

由于新疆地势特征是“三山夹两盆”，海拔最高达8611米，平均气温较低。特殊的地势导致自然环境复杂多样，然而，由于近年来生态环境的逐渐恶化和全球变暖，许多地方都被破坏，降水量在南北疆的分布不均匀导致沙漠中形成一片片绿洲。由于新疆地理位置较偏，受海洋气候的影响比较小，降水量少，蒸发量大，绿色植物的覆盖率相对较低。同时由于新疆纬度的原因，气压梯度的形成，导致了强风和严重沙漠化，使新疆的沙漠面积占全国大约3/5。再加上经济的发展，自然环境遭到恶化，居住在新疆沙漠绿洲地带中的新疆人民的生存环境日益被沙漠吞噬，前景堪忧。

4.1.1　自然因素

因新疆常年气候干旱、昼夜温差大的地理环境特征，全区野生生物共500多种，低生物量导致环境自身协调性差，环境系统极其脆弱，一旦生态环境受到破坏，恢复十分困难。所以新疆生态环境防治环节十分关键。

4.1.2 人为因素

人为因素是新疆自然生态环境恶化最主要的原因之一。由于早年人们对于新疆环境特征和生态系统特性把握不准确，以及对生态环境对于生产生活和经济发展推动作用认识的局限性，导致了对于自然资源的极度不合理开发利用，超过了它的负荷程度，从而加剧了新疆环境的恶化，使新疆生态呈现极其不乐观的情况。分析主要原因如下：

（1）水资源不合理利用。新疆地区本身水资源匮乏，生活用水及农业灌溉来源用水主要是地下水。一般的地下水分为潜水和承压水两种，潜水类型属于可再生资源，是新疆居民生活用水来源之一；承压水为农业灌溉及少部分饮用，为不可再生资源。长期的过度使用及不合理规划，使地下水资源短时间无法得到补充从而导致地下水量锐减。同时，由于新疆主客观条件的制约使流域规划出现滞后，再加上许多跨区河流用水不科学的分配方式，新疆水环境状况逐步恶化，绿洲面积短时间内萎缩现象突出。

（2）森林资源过度砍伐。新疆绿地覆盖率较低，森林资源较少，早年由于森林树木的乱砍滥伐以及无时效性补充，森林自我修复能力以及涵养水源能力的下降，加重了新疆水土流失的情况。同时新疆平原荒漠林的破坏现象也呈现出极其严峻的形势，严重破坏了保护新疆生态环境的天然屏障。

（3）经济实力落后。由于新疆经济发展落后，导致新疆投入生态治理的资金比较匮乏，故而未及时进行治理以前遗留下来的因资源开发引发的一系列环境破坏问题。经济投入的有限以及生态方面管理和规划专业人才的缺乏，导致实施的力度不彻底，生态治理进度缓慢。

（4）相关法律法规执行力差。执行力是法律有效实施的重要保证，我国为了实现发展的可持续性颁布了一系列环境保护法律文件，各个地区结合当地环境又制定了一系列相关的地方性法律法规，但由于当地干部重视经济忽略环境及基层人民环境保护意识不足，生态环境的关注度较低，导致执行力差。

（5）新疆区域生态环境综合指数。2010～2015年新疆区域生态环境综合指数见表4－1。

表4－1 2010～2015年新疆区域生态环境综合指数

地区＼年份	2010	2011	2012	2013	2014	2015	均值
阿勒泰地区	0.082	0.083	0.086	0.085	0.082	0.083	0.083
巴音郭楞蒙古自治州	0.083	0.081	0.086	0.081	0.081	0.08	0.082
昌吉回族自治州	0.076	0.075	0.072	0.078	0.078	0.082	0.077
塔城地区	0.076	0.074	0.074	0.074	0.077	0.077	0.075
博尔塔拉蒙古自治州	0.075	0.074	0.083	0.071	0.073	0.073	0.075
乌鲁木齐市	0.072	0.076	0.07	0.079	0.077	0.073	0.074
伊犁州直属县市	0.074	0.074	0.075	0.077	0.075	0.072	0.074
阿克苏地区	0.073	0.072	0.068	0.071	0.071	0.069	0.071
克孜勒苏柯尔克孜自治州	0.072	0.069	0.07	0.066	0.067	0.068	0.069
吐鲁番地区	0.067	0.065	0.065	0.062	0.063	0.067	0.065
和田地区	0.064	0.065	0.067	0.066	0.066	0.062	0.065
克拉玛依市	0.06	0.065	0.06	0.067	0.065	0.068	0.064
喀什地区	0.066	0.062	0.062	0.062	0.065	0.069	0.064
哈密地区	0.06	0.065	0.064	0.061	0.06	0.058	0.061

从表4-1中各地区2010~2015年均值来看，阿勒泰地区、巴音郭楞蒙古自治州两个地区生态环境综合指数均值都在0.08以上，生态环境状况总体相对比较优良，昌吉、塔城、博州、乌市等指数均值在0.07~0.08，生态环境状况总体相对一般，而其余生态环境状况总体相对恶劣，这也说明生态环境脆弱仍然是新疆近半地州存在的问题。

4.2 新疆生态绩效影响因素模型构建

4.2.1 指标选取及数据来源

本书是以环境质量综合指数来评估新疆生态绩效，以新疆环境质量综合指数作为生态绩效表现状况。根据2006~2016年《新疆环境状况公告》，得出2005~2015年新疆环境空气质量良好天数（X1）、集中式饮用水源地水质达标率（X2）、水域功能区水质达标率（X3）、城市环境噪声达标率（X4）四个方面（见表4-2）。

表4-2 2005~2015年环境状况指标 单位：%

年份	环境空气质量良好天数百分率	集中式饮用水源地水质达标率	水域功能区水质达标率	城市环境噪声达标率
2005	73.90	89.80	80.30	64.70
2006	83.20	88.20	71.50	64.70
2007	83.80	82.40	73.60	82.30
2008	84.80	87.20	81.90	82.40
2009	85.50	84.60	88.30	68.80
2010	80.30	87.20	91.20	93.70

续表

年份	环境空气质量良好天数百分率	集中式饮用水源地水质达标率	水域功能区水质达标率	城市环境噪声达标率
2011	80.90	89.70	93.50	83.30
2012	80.60	87.20	94.70	88.90
2013	76.70	91.00	94.76	94.40
2014	73.40	91.90	94.00	83.40
2015	70.20	92.10	95.90	83.30

资料来源：2006～2016年《新疆环境状况公报》以及《中国环境年鉴》。

新疆生态绩效影响因素分析是以新疆生态环境质量综合指数为因变量，经济、人口、资源环境因素相关指标为自变量。根据2006～2016年《新疆统计年鉴》得出，2005～2015年新疆GDP（L1）、工业总产值（L2）、农业总产值（L3）、财政收入（L4）、环境污染投资额（L5）、人口总数（L6）、人口自然增长率（L7）、用水总量（L8）、水土流失治理面积（L9）、农用塑料薄膜（L10）（见表4－3、表4－4）。

表4－3　2005～2015年新疆生态绩效影响因素：经济因素

单位：亿元

年份	GDP L1	工业总值 L2	农业总产值 L3	财政收入 L4	环境污染投资额 L5
2005	2604	961.62	595.8	180.3	39.35
2006	3045	1241.33	638.6	219.5	31.9
2007	3523	1405.11	767	285.9	41.2
2008	4183	1755.35	784	361.1	55
2009	4277	1555.84	898.6	388.8	73.5
2010	5437	2161.39	1376.9	500.6	65.02
2011	6610	2700.2	1437.9	720.4	194.04
2012	7505	2841.57	1675	909	237.09
2013	8433.84	2925.74	1806.11	1128.5	281.15
2014	9273.46	3179.60	1955.11	1282.34	363.32
2015	9324.80	2740.71	2005.38	1330.85	445.43

表 4-4　2005~2015 年新疆生态绩效影响因素：人口、资源环境因素

年份	人口总数（万人）L6	人口自然增长率（‰）L7	用水总量（亿立方米）L8	水土流失治理面积（千公顷）L9	农用塑料薄膜（吨）L10
2005	2010	11.38	508.40	219.77	115921.00
2006	2050	10.94	513.43	312.07	128626.25
2007	2095	11.78	517.74	331.05	141331.50
2008	2131	11.17	528.22	367.03	169034.00
2009	2159	10.56	530.90	393.90	158280.00
2010	2181	10.71	535.08	420.40	170713.00
2011	2209	10.57	523.50	458.73	182977.00
2012	2233	10.84	590.14	541.90	187756.00
2013	2264	10.92	588.04	812.49	206666.00
2014	2298	11.47	581.82	842.00	262921.00
2015	2360	11.08	577.20	1128.9	262921.00

资料来源：2006~2016 年《新疆统计年鉴》以及《中国统计年鉴》。

4.2.2　变量解释

（1）环境质量综合指数：环境质量综合指数是环境质量参数和环境质量标准的复合值，环境质量综合指数评估方法可以反映地区环境质量的综合情况，尤其是不同时间的环境质量综合指数的比较，依据数值大小分析生态环境质量变化情况。

（2）环境空气质量良好天数百分率：指新疆维吾尔自治区所辖县市，在一年之中良好的空气质量（API：空气污染指数≤100）天数总和与全年总天数的比值。

（3）集中式饮用水水源地水质达标率：指新疆县市城区从集中式饮用水水源地取得的水量中，其地表水水源水质达到《地表水环境质量标准》

Ⅲ类标准的水量占取水总量的百分比。

（4）水域功能区水质达标率：指对新疆全区所有水域功能区水环境监测中，水域区及断面层水质达到水体环境要求，与总体水域功能区面积的比例。

（5）环境噪声达标区覆盖率：指全区环境噪声达标区面积总和占新疆全区建城面积总和的比率。

4.2.3 模型设定

本书尝试利用熵值、灰色关联度分析与多元线性回归分析相互验证方式对 2005 ~2015 年新疆总生态绩效影响因素进行分析。利用环境状况相关指标，计算得出环境质量综合指数与社会经济、人口、资源环境因素指标进行灰色关联度分析，揭示生态绩效与经济、人口、资源环境因素指标之间的内在联系。

（1）环境质量综合指数：指环境空气质量百分率、集中饮用水源达标率和水域功能区水质达标率和城市环境噪声达标率 4 项评估指标，按计算分配的权重加权之和来反映。本书在权重方面选用了熵值法计算。

1）计算各项指标权重：

$$P_{ij} = \frac{X_{ij}}{\sum_{i=1}^{n} X_{ij}} \quad (j=1,\ 2,\ \cdots,\ m)$$

其中，P_{ij}表示第 j 项指标下的第 i 个方案指标值的权重。

2）计算第 j 项指标的熵值：

$$e_j = -k \times \sum_{i=1}^{n} P_{ij}\log(P_{ij})$$

其中，$k>0$，ln 为自然对数，$e_j \geqslant 0$ 式中常数 k 与样本书 m 有关，一般

令 $k=1/\ln m$，则 $0\leqslant e\leqslant 1$。

3）指标的差异系数：

$g_j=1-e_j$，则：g_j越大指标越重要。

4）权重：

$$W_j=\frac{g_j}{\sum_{j=1}^{m}g_j},\ j=1,\ 2,\ \cdots,\ m$$

其中，W_j表示各项指标权重，g_j表示第j项指标的差异系数。根据计算得出权重 W_1、W_2、W_3、W_4，最后环境质量综合指数 $=(X_1\times W_1)+(X_2\times W_2)+(X_3\times W_3)+(X_4\times W_4)$。

（2）灰色关联分析。灰色关联分析是根据变量之间发展趋势的相似程度作为衡量变量之间关联程度的一种方法。灰色关联分析能够初步挑选出与生态绩效相关联的影响因素。

因为系统数据中各因素可能因量纲不同，不易找到准确的结论，所以在进行灰色关联度分析时，首先要对数据进行标准化处理。

$$X_i(k)=\frac{X_{i(k)}}{X_{i(l)}},\ k=1,\ 2,\ \cdots,\ n;\ i=0,\ 1,\ 2,\ \cdots,\ m$$

接着计算相关系数，如 $X_0(K)$与 $X_i(K)$的关联系数。

$$\zeta_i(k)=\frac{\min_i\min_k\Delta_i(k)+\max_i\max_k\rho\Delta_i(k)}{\Delta_i(k)+\rho\max_i\max_k\Delta_i(k)}$$

其中，$\Delta_i(k)=|y(k)-X_i(k)|$

$\rho\in(0,\ \infty)$为分辨系数。分辨力越大 ρ 越小，ρ 的取值在$(0,\ 1)$具体取值视情况而定，通常情况取 $\rho=0.5$。

然后计算关联度，关联系数是比较各个因素在不同时点的关联程度值，所以它的数不止一个，而信息过于分散不便于进行整体性比较，因此需要将各个时刻的关联系数集中为一个值，即求其平均值，平均值r_i就成为 $Y(k)$ 与$X_i(k)$的关联度，关联度公式如下：

$$r_i = \frac{1}{n}\sum_{k=1}^{n}\zeta_i(k), k = 1,2,\cdots, n$$

（3）多元线性回归分析。多元线性回归是影响因素分析比较常用的一种计量方法，有灰色关联度分析无法替代的优点，故本书增加多元线性回归，使其与灰色关联度分析相互验证，能进一步研究生态绩效的影响因素。

在进行多元线性回归计算过程中，本书选取10个指标，对所选影响因素指标采用逐步回归方法进行分析。在分析计算之前还应对所选取指标原始数据进行无量纲化处理。其标准化公式如下：

$$X_i^* = \frac{X_i - \overline{X}}{\sqrt{\frac{1}{n-1} * \sum_{i=1}^{n}(X_i - \overline{X})^2}}$$

其中，X_i^* 为指标标准化值，X_i 为指标的初始值，$\overline{X}$ 为指标初始平均值，N 为指标个数。

4.3 结果及分析

4.3.1 环境质量综合指数

根据熵值法的公式，利用 Excel 表格进行权重计算，结果如表 4－5所示：

表 4－5　指标权重

指标	熵值	指标	差异系数	指标	权重
环境空气质量良好天数百分率	0. 808	环境空气质量良好天数百分率	0. 192	环境空气质量良好天数百分率	0. 25
集中式饮用水水源地水质达标率	0. 811	集中式饮用水水源地水质达标率	0. 188	集中式饮用水源地水质达标率	0. 24
水域功能区水质达标率	0. 803	水域功能区水质达标率	0. 196	水域功能区水质达标率	0. 26
城市环境噪声达标率	0. 807	城市环境噪声达标率	0. 192	城市环境噪声达标率	0. 25
		差异系数求和	0. 769		

为了方便数据计算各项指标权重乘 100，空气质量、饮用水源和水域功能区水质和城市环境噪声质量权重依次为 25∶24∶26∶25，2005～2015 年新疆环境质量综合指数如表 4－6 所示。

表 4－6　2005～2015 年新疆环境质量综合指数

年份	2005	2006	2007	2008	2009	2010	2011	2012	2013	2014	2015
环境质量综合指数	77. 13	76. 81	80. 48	84. 05	81. 82	88. 12	86. 87	87. 89	89. 24	85. 69	85. 4

根据表 4－6 可以得出 2005～2015 年新疆生态绩效状况的一个综合反映，最近两年指数有所下降，但是相对于前几年总体呈现上升的状态，这与新疆人民政府高度重视环境保护工作有很大关系，生态环境的改变得益于全疆把生态环保工作放到经济发展大局中来谋划部署，牢固树立和自觉践行五大发展理念，坚持“环保优先，生态立区”和“资源可持续”“生态环境可持续”，各政府积极采取有效措施，着力解决突出生态环境问题，调整产业结构。

4.3.2　灰色关联度分析

由表 4－3、表 4－4 影响指标的原始数据，以表 4－6 环境质量综合指数代表生态绩效为因变量，以 GDP、工业总产值、农业总产值、财政收入、环境污染投资额、人口总数、人口自然增长率、用水总量、水土流失治理面积、农用塑料薄膜等相关指标为自变量，采用灰色关联度分析方法，应用软件（DPS），计算出新疆 10 年间生态绩效与各项影响因素之间的关联情况如表 4－7 所示。

表 4－7　灰色关联度

关联度	GDP	工业总产值	农业总产值	财政收入	环境污染投资额	人口总数	人口自然增长率	用水总量	水土流失治理面积	农用塑料薄膜
环境质量综合指数	0.845	0.881	0.874	0.744	0.823	0.861	0.673	0.806	0.829	0.883

新疆 2005～2015 年与生态绩效趋势的关联度比较大的经济指标为工业生产总值、农业生产总值、人口总数、农用塑料薄膜。可以从以下几个角度进行灰色关联度结果分析：

（1）GDP、工业生产总值、农业总产值、财政收入等指标对环境质量综合指数的关联性较强，其中关联度较大的指标是前三个。从 21 世纪初实施西部大开发战略以来，新疆经济发展、基础设施建设、民生改善、税收优惠等得到国家的大力支持，投资、消费、出口得到了飞速发展，GDP 的不断增长反映新疆经济的快速发展。除 2009 年金融危机 GDP 下降到 8.1% 外，2014 年以前新疆 GDP 维持在两位数增长，2015 年以后新疆 GDP 保持中高速增长。在西部大开发战略实施以来，新疆经济社会发展进入了快车道。新疆经济的快速发展与工业的发展是分不开的，一方面新疆对自然资源、能源依赖程度的逐渐提高，进而造成单位 GDP 能耗较高；另一方面，新疆产业结构的不合理，资源消耗型、环境不够友好对生态环境构成极大的影响。2008 年工业占 GDP 的比重达到了峰值为 42%，虽然近几年新疆重视生态环境治理比重有所下降，但是工业依然在 GDP 中占有很大的比重，而且工业具有能源消耗量多、污染物排放多等“黑帽子”的特点，所以可以看出生态绩效与新疆工业生产总值关联大。新疆农业较为发达，随着农业发展，对生态土地和水源的需求、化肥施用量、农膜残留量都在不断增加，农业生产总值与生态绩效的关联度逐渐变大。

（2）人口因素中，新疆人口总数与新疆生态绩效的关联性强。从 2005 年的 2010 万增加到 2015 年的 2360 万人，人口增长有利也有弊，一方面加快了产业发展，但另一方面巨大的人口对新疆本来就脆弱的生态环境绩效造成了极大的影响。

人口数量不断增长，会直接导致对生态资源有更大需求，而因资源需求造成的压力会对新疆生态环境产生最基本影响。

随着新疆新型城镇化建设，新疆人口数量有一定增长，人口的空间布局状况有所改变，逐渐向城镇流动，百姓物质生活水平不断提升，人均可支配收入提高，但随之而来的是城市污染物排放量不断增加。根据相关调查，城市人口的生活排污量远远大于农村，并且相对于农村来说城市的生活排污量更不易处理，如果不能妥善处理这些污染排放物，那么对生态环境就会造成很大的破坏，威胁人类的生存。这是在生活方面人口数量的增长对生态绩效产生的影响。

因人口数量增长，人类对生活用品需求加大，在粗放型发展模式下，生产规模就不断扩张，“饼越摊越大”定然会增加更多的能源与资源消耗以及更多的工业污染物排放，如果不能妥善处理也会破坏生态环境。虽然生产的发展以及规模的扩大没有理由直接归结于人口数量的增加，但人口数量增长，拉动消费增长，传导到生产的发展及生产规模的扩大。这是人口数量增多从生产方面对环境可能造成的影响。

（3）资源环境影响因素中，农用塑料薄膜对新疆生态绩效影响最为显著，其次是水土流失治理的影响。

新疆的地膜栽培面积为全国之首，农业生产对地膜的需求不断增多，一方面促进农业生产以及增加农民收入，另一方面也给农业生产带来了一定的负面影响。自然条件下地膜在土壤中很难分解，可残存 20 年以上，由于地膜长期覆盖在农田土壤中，长期以来残膜在土壤中不停累积，极大地破坏了土壤的透气性以及水流肥料的流转，对农作物的生长发育不利，影响农作物的产量。由于地膜材料中含有挥发性物质，会在土壤中挥发，影响农作物光合作用，延缓农作物的生长周期及产量，甚至会导致农作物根茎腐烂而死亡，严重影响到农业生态的可持续发展，破坏了生态环境。

水土流失治理对新疆生态保护工作也很重要，水土流失会造成土壤蓄水能力大大下降，甚至可能沙化，降低绿洲的植被覆盖率，进一步恶化农牧业生产环境。根据《新疆统计年鉴》，2005 年新疆水土流失治理面积为 219. 77 千公顷，2015 年水土流失治理面积为 1128. 9 千公顷，从数据可以看出这几年新疆不断加大对水土流失的治理，这对于生态绩效是极为有利的因素。

4. 3. 3　多元线性回归分析

本书选取经济、人口、资源环境因素等 10 个指标进行多元线性回归分析，依据表 4 – 3、表 4 – 4 相关指标的原始数据，首先对原始数据进行无量纲化处理后应用统计分析软件（SPSS 22）采用逐步回归方法进行分析，然后对回归模型进行拟合，最终回归结果如表4－8所示。

表4－8 线性回归结果

		非标准化系数		标准化系数		
模型		B	标准错误	Beta	T	显著性
1	（常数）	73.387	2.139		34.307	0.000
	环境污染投资	0.025	0.001	0.878	5.185	0.001
2	（常数）	67.536	2.142		31.523	0.000
	环境污染投资	0.030	0.002	1.816	6.356	0.000
	工业总产值	－0.008	0.011	－1.013	－3.547	0.009

表4－8中模型1与模型2通过了统计学检验，拟合优度分别为87.8%和95.8%，拟合效果较好。模型1回归取得一个影响因子，其影响因子为环境污染投资。其标准化后的系数为0.878，t值为5.185，在1%水平下显著，满足线性回归条件。模型2回归取得两个影响因子，其影响因子为工业生产总值和环境污染投资。环境污染投资的t值为6.356，在1%水平下显著，满足多元线性回归条件。在模型2中，对原始数据标准化后，环境污染投资在回归方程中的系数为1.816，工业总产值在回归方程中的系数为－1.013，表示工业生产总值与环境污染投资额对生态绩效影响大。新疆生态绩效多元线性回归结果可以从以下两个方面进行分析：

（1）环境污染治理投资对新疆生态绩效影响很明显。新疆环境污染治理投资额从2005年的39.35亿元提高到2015年的445.43亿元，其增长速度远大于GDP的增长速度，当前新疆生态环境治理与保护日益显得重要，政府不断加大对环境污染治理的投资与管理，对新疆生态绩效的改善有了一定的帮助。

（2）根据历年《新疆统计年鉴》，2014 年新疆工业生产总值达到顶峰，从数字上来看新疆工业在不断地发展提高，在新疆经济的进一步发展中起到关键性作用，但是工业大部分能源开采、钢铁制造业等能耗高和污染较大的产业，对于能源和资源需求大，对新疆生态健康发展十分不利。

4.3.4　结论

本书主要利用经济、人口、资源环境指标与环境质量综合指数相结合，对新疆生态绩效进行探讨。最后在“一带一路”倡议下，对新疆生态绩效影响因素进行深入研究，得出主要影响因素。具体结论如下：

综合灰色关联度分析和多元线性回归分析可知，新疆工业生产总值、农业生产总值、农用塑料薄膜、人口、水土流失治理、环境污染治理投资等是新疆生态绩效的直接影响因素。

（1）西部大开发战略、“一带一路”倡议为新疆的经济社会发展注入了新的动能，受到很多优秀企业青睐，吸引了大量企业来新疆投资，为新疆的经济社会发展增添了活力，但同时对新疆的生态环境也带来了前所未有的压力，新疆在经济发展过程中面临巨大的生态环境压力。

（2）新疆工业化进程造成生态内部需求不平衡，工业企业数量从 2005 年的 1445 家增至 2015 年的 2477 家，工业企业数量的增加对能源提出了更多的需求，并且环境污染也就更加严重，对新疆生态环境是个严峻的考验。

（3）根据历年《新疆统计年鉴》，2005 年新疆农业生产总值为 595.8 亿元，2015 年新疆农业生产总值达到 2005.38 亿元，从数字上来看新疆农业在不断发展提高，但是新疆目前的农业生态理论研究滞后，农用塑料薄膜使用量的不断上涨加剧了对生态环境的破坏。农业人员知识有待更新，创新能力和科研能力不足，农业工作缺乏长远的目标与规划，乡村领导更换周期较快，并且政绩观念较强，不注重可持续发展，导致本来就很脆弱的新疆农业生态系统变得更加脆弱，对生态绩效的影响也就更为明显。

（4）新疆人口从2005年的2010万增加到2015年的2360万，但是可利用土地10年间增加了6.83万公顷，可利用土地面积仅占全疆总面积的38.46%，由于自然条件恶劣，干旱少雨又加重流失，人口的增多加大了各方面的需求量，导致工业发展和农业的规模增大加剧了对生态环境的破坏，特殊地区人口控制和水土流失治理也就对生态绩效愈加重要。

（5）环境污染治理投资是这几年增长最快的，从2005年的39.35亿元增长到2015年的445.43亿元，一方面可以看出新疆对生态环境治理的重视，但另一方面也可以看出新疆生态环境日益严重，随着环境状况的恶化投资额不断加大，对生态绩效的影响就更大。

4.4 提高新疆生态绩效的对策及建议

根据新疆环境质量综合指数和生态绩效影响因素分析等结果，结合新疆作为丝绸之路经济带核心区，对提高新疆生态绩效提出以下几点建议：

（1）优化产业结构，促进环境友好型产业发展。新疆应该牢牢把握住“一带一路”区位优势和西部大开发战略以及对口援疆政策、精准扶贫等发展机遇，结合新疆生态脆弱性特点，围绕新疆维吾尔自治区新型工业化、农牧业现代化和新型城镇化的目标，引导和推动企业从供给侧入手进行结构性改革，政府制定政策引导优化调整产业结构，鼓励企业开展技术创新、淘汰落后技术、大力发展高新技术产业、增加附加值，提高第一产业附加值，向两端延伸第一产业产业链，推进新疆农牧业现代化发展。

新疆 GDP 的主要来源是工业生产值，但工业是单位产值消耗化石能源最多的行业。应该转变经济发展方式，实施供给侧结构性改革，加速推进新疆新型工业化发展方式，鼓励技术创新、提高科学技术含量、降低资源消耗、减少生态破坏、“一带一路”倡议下区位优势能够得到充分发挥的新型工业化发展道路。利用自身地域的环境优势，建设风电、光电等新能源基地，形成一条完整的新能源产业链。

（2）修建水利工程，加大水土流失治理。新疆目前水土流失严重，水土流失的治理需要政府这只“看得见的手”。除了治理以外，更要配套的水利工程以重视水土保持，建设一批水利枢纽工程和水库，提高抗旱能力，加强渠道防渗的节水改造，增加对水土流失的治理。政府同时应修缮改造老化的农田水利设施，这样可以保证现有耕地的耕种能力不受破坏。

（3）鼓励社会企业和群众参与生态建设。随着新疆经济的快速发展，大量的社会资本进入新疆，政府应鼓励社会资本民营企业参与农田水利、水资源综合利用、防风固沙等一系列生态工程建设。引导金融资源支持生态工程技术创新的资金需求。积极鼓励群众参与生态恢复及生态文明建设，提高人口素质，加大环保公益宣传，在学校加强生态文明观的教育，开展环境保护与生态文明建设等相关知识竞赛活动，结合大学生三下乡宣讲活动，使生态文明理念广为人知、广为接受，使大家的观念由“要我保护生态环境”向“我要保护生态环境”转变。提倡绿色出行、绿色消费，让每个人都能够为生态环保出一份力。

（4）加强生态文明建设。生态文明建设具有长期性，要将“绿水青山就是金山银山”的理念贯穿经济社会发展全过程。在生态文明建设的过程中，应该避免盲目追求 GDP，应该将经济的发展和资源环境、能源的利用与生态环境的保护结合起来，使其能够长期协调发展。同时政府要完善与生态环保相关的配套政策，设立生态保护红线，完善有关环保的法律法规，制定并严格执行生态环境检查机制、监督机制、问责机制，夯实生态责任第一责任人制度，实施生态奖惩并举的机制。

第5章　新疆生态绩效评估

5.1　研究区概况

5.1.1　自然环境概况

新疆维吾尔自治区经度范围为73°40′E～96°23′E，纬度范围为34°22′N～49°10′N，位于我国西北边陲，地处欧亚大陆的腹地，是中国面积最大的省份，占中国国土总面积的1/6，全区辖有14个地州市。其北与蒙古、俄罗斯接壤，西与哈萨克斯坦、吉尔吉斯斯坦、塔吉克斯坦毗邻，西南与阿富汗、巴基斯坦及印度克什米尔交界，东南连接我国甘肃、青海，南部连接我国西藏。人们通常用“三山”（天山、阿尔泰山、昆仑山）夹“两盆”（塔里木盆地、准噶尔盆地）来描述新疆，天山将新疆分为南北两部分，即南疆和北疆，以上为新疆地质形态的主体框架和地理分布。同时，新疆还有位于塔里木盆地与准噶尔盆地腹部的塔克拉玛干沙漠和古尔班通古特沙漠，这就导致新疆经常受到风沙的影响。

由于新疆地势特征是“三山夹两盆”，海拔最高达8611米，造成平均气温较低。特殊的地势导致自然环境复杂多样，然而，由于近年来生态环境逐渐恶化和全球变暖，许多地方都被破坏，降水量在南北疆分布不均匀导致沙漠中形成一片片绿洲。由于地理位置较偏，受海洋气候的影响比较小，年降水量仅171毫米，蒸发量大，绿色植物的覆盖率就相对较低。同时由于新疆纬度原因，形成压力梯度，导致了强风和严重沙漠化，使新疆的沙漠面积占全国大约3/5。再加上经济的发展，自然环境逐渐恶化，居住在新疆为数不多的沙漠绿洲地带中的新疆人民其生存环境日益被沙漠吞噬，前景堪忧。

新疆区内有中国内陆盆地面积最大的塔里木盆地，有中国最大、世界第二的流动沙漠塔克拉玛干沙漠，有中国最长的内陆河塔里木河，有中国内陆的最低点吐鲁番盆地，还有中国最大的内陆淡水湖博斯腾湖。

5.1.2 社会经济环境

截至2018年末，新疆常住人口2486.76万人，其中城镇化率达到50.91%。新疆GDP从2006年的3045亿元到2018年的1.22万亿元，十几年间增长了4倍，这主要因为新疆第二产业和第三产业发展迅速，其中第三产业发展最快。2019年上半年对外贸易进出口总值同比增长10.7%达到624.7亿元，高于全国增速6.8个百分点。机电产品是中国新疆主要进出口商品，同时服装、鞋类和天然气、农产品分别是中国新疆出口和进口主要产品，成为“一带一路”倡议下中国新疆重要的外贸商品。哈萨克斯坦是中国新疆最大的贸易伙伴国。其中2019年上半年农产品出口总值达到31.5亿元，进口总值达到24.7亿元。

2006年新疆人均水资源拥有量为4695立方米/人，2018年人均水资源拥有量为3482.56立方米/人，呈逐渐减少趋势。生态环境压力就是因各种污染，如废水、废气、废物固体等给生态环境带来的压力。本书选取工业废气排放量（工业二氧化硫、工业二氧化氮、工业烟尘、工业粉尘）、工业废水排放量、工业固体废物产生量三个指标来分析新疆所面临的生态环境压力状况。

新疆工业废气排放量从2006年的5053亿立方米增加到2016年的14300亿立方米，增加幅度较大，2006～2014年工业废气排放量是连年增加的，2014～2015年工业废水排放量是减少的。工业废水排放量从2006年的18100万吨增加到2015年的28410万吨，其中2007年产生的工业废水排放量较大，2008～2013年工业废水排放量是连年递增的，2013～2015年工业废水排放量是连年递减的。2006～2015年，工业固体废物产生量从1563万吨增加到7196万吨，其中2006～2013年工业固体废物产生量是连年递增的，2013～2015年工业固体废物是逐渐减少的。2006～2015年三种生态环境压力指标数据都是增加的，而且增加幅度较大，说明新疆在经济快速发展的同时，生态环境受到了极大的污染。2014～2015年工业废气排放量是减少的，2013～2015年工业废水排放量和工业固体废物产生量都是减少的，说明最近几年新疆政府关注到生态环境污染，生态环境得到了一定的改善。

5.1.3 资源概况

新疆土地资源非常丰富，现有耕地7600多万亩，人均耕地3.45亩，是全国平均水平的2.6倍。后备耕地2.23亿亩，位居全国第一。新疆未利用土地占比最大，为61.37%，牧草地占比也比较大，为30.7%，两者占地总和超过90%，其他各种农业用地和建设用地不足10%。由此可知，新疆大部分土地都没有得到利用，土地利用率较低。新疆农林牧可直接利用土地面积占全国的1/10以上，达到10亿亩。全年平均日照时间超过2600小时，位居全国第二。冰川储量2.13万亿立方米，占全国的一半。

5.2 基于生态足迹理论的生态绩效评估

5.2.1 生态足迹理论、生态盈余与生态赤字

（1）生态足迹基本理论。生态足迹（Ecological Footprint）又称生态占用，是由加拿大环境经济学家Wackernagel和William在前人研究的基础上于20世纪90年代提出的一种从生物物理量的角度研究自然资本消费的空间的概念和方法。其定义为：指定的人口单位内（一个人、一个城市或一个国家）需要多少具备生物生产力的土地和水域来生产这些人口所需的资源和吸纳其所产生的废弃物。也就是要维持一定数量的人口的生存，需要多大的生产资源以及吸纳废物的空间。

（2）生态足迹计算方法。生态足迹计算的基本假定：①我们能够估算新疆所消耗的资源以及所产生的废弃物数量；②所消耗的资源以及所产生的废弃物数量能够折算成生产和消耗容纳它们所需的生态生产性土地面积；③按照生物生产性面积的生产力折算之后，不同类型的可以用相同的单位（hm^2或m^2）来表示。

（3）生态足迹（生态需求）计算的基本模型。

$$EF = N \times ef = N \times \sum_{i=1}^{n} (aa_i\gamma_i) = N \times \sum_{i=1}^{n} \frac{C_i}{P_i} \times \gamma_i \quad (5-1)$$

其中，EF 为总生态足迹（hm^2）；N 为人口数（人）；ef 为人均生态足迹（hm^2/人）；i 为消费商品和投入类型；aai 为人均第 i 种交易商品折算的生物生产面积（hm^2），生物生产性面积主要包括的6种类型是：耕地、草场、林地、建筑用地、化石能源土地和水域；γ_i 为均衡因子；C_i 为第 i 种消费商品的年消费量（kg）；P_i 为第 i 种消费品平均生产能力（kg/hm^2）。

在生态足迹的计算中，各种资源消费均相应地折算为各种土地面积，主要涉及的6种土地为：耕地、林地、草地、建筑用地、水域以及化石能源用地。本书采用的均衡因子是：建筑用地与耕地为2.82，草地为0.54，化石能源用地与林地为1.14，水域用地为0.22。

（4）生态承载力（生态供给）计算模型。

$$EC = \sum N \times ec = \sum N \times a_j \times \gamma_j \times y_j \quad (5-2)$$

其中，EC 为区域总人口的生态足迹供给（hm^2）；N 为人口数（人）；ec 为人均生态足迹供给（hm^2/人）；a_j 为人均生物生产面积（hm^2/人）；γ_j 为均衡因子；y_i 为产量因子，产量因子是指某个地区或国家某类土地的平均生产力与世界同类土地的平均生产力的比值。

在计算生态承载力（Ecological Capacity）时，由于不同区域的土地要素贫瘠不同，包括单位面积不同类型生物生产土地的生产能力差异，还有同类生物生产类型的土地单位面积生态生产力的差异。因此，只有对不同类型生物生产面积进行标准化后，才能对不同国家或地区同类生物生产面积类型的实际面积进行对比。“产量因子”（Yield Factor）可以表示某个区域的某类生物生产面积类型的区域产量与世界平均产量间的差异。本书参考徐中民（2003）的产量因子：耕地和建筑用地为1.66，草地是0.19，林地为0.91，水域是1.00，化石能源用地是0。世界平均生态承载力是将现有的该区域不同类型生物生产面积乘以相应的均衡因子和产量因子。同时，在参考前人文献的基础上，在计算生态承载力时扣除12%的生物多样性保护面积。

（5）生态盈余与生态赤字。当 EF > EC 时，表示生态赤字，即区域生态需求超过了区域生态供给，其数值为生态足迹与生态承载力的差值；当 EF < EC 时，表示生态盈余，也就是区域生态需求小于区域生态供给，其数值为生态承载力与生态足迹的差值。

5.2.2 基于生态足迹的新疆生态绩效评估模型的构建

（1）数据来源。本书各类资源消耗数据以及各类土地资源面积数据来自西北五省（新疆、宁夏、陕西、甘肃、青海）统计年鉴和西北五省统计局数据以及国家统计局等政府部门网站。由于部分资源统计数据不一致或者信息不完整，本书在计算生物资源和能源的生态足迹时用生物资源以及能源的生产量或产量代替其消耗量。从生物圈的角度来说，资源的生产量相当于自然对人类的资源投入，用生物资源和能源的生产量来代替人类的实际消费量更具有真实性和客观性。

本书以1993年联合国粮农组织计算的有关生物资源的世界平均产量和世界上单位化石能源土地面积的平均发热量等资料为标准，将各种消费项目换算成相应的生物生产性面积时，从而使计算结果可以在不同省份之间进行比较。新疆的生物资源主要包括：谷物、豆类、薯类、油料、棉花、麻类、烟叶、蔬菜、水果、木材、猪肉、牛肉、羊肉、禽肉、牛奶、禽蛋和水产品等；能源主要包括：焦炭、原油、汽油、煤油、柴油、燃料油、天然气以及电力等；土地类型主要包括：耕地、林地、草地、水域、建筑用地和园地等。甘肃、陕西、宁夏以及青海省生物资源、能源和土地均以新疆为标准进行分类汇总。

（2）改进的生态绩效评估模型构建。在改进的生态绩效评估模型构建中，用生态足迹表示在一定区域内人类的消费水平，生态承载力表示该区域所能供应的资源环境条件，生态绩效指数（Ecological Performance Index）即用生态足迹/生态承载力这个相对指数来计算生态盈余（赤字），这样可以有效剔除因五省份的生态承载力不同而对生态绩效造成的“先天”影响。模型公式为：

$$EPI = EF/EC \quad (5-3)$$

其中，EPI 为生态绩效指数；EC 为区域的总生态承载力，EC 不为零；EF 为区域的总生态足迹。

当 $EP<1$ 时，表示生态盈余，即生态绩效评估结果良好，人类对自然资源处于可持续利用状态；当 $EP>1$ 时，表示生态赤字，也就是生态绩效评估结果较差，自然资源不能满足人类的需求，终有枯竭的一天。

5.2.3 基于生态足迹的新疆生态绩效评估实证分析

（1）生态足迹的计算。根据对2008~2016年新疆、甘肃、陕西、宁夏和青海统计年鉴的深入分析，得出新疆生态足迹所需的生物资源统计数据和能源统计数据以及西北五省的平均生物资源账户系统和平均能源账户系统，选择平均值作为比较对象主要是由于算数平均数受样本的影响较小且易于计算与理解。运用式（5-1）生态足迹的计算模型对新疆2007~2015年的生态足迹和西北五省2007~2015年的平均生态足迹进行实际计算与分析。

由于生态足迹的计算所涉及的数据较多，本书在此就不一一进行计算说明，只详细介绍新疆2007年的生态足迹计算过程，其他年份新疆与西北五省的计算方法及计算过程与此类似。

在计算生态足迹时，将各种生物资源和能源的消耗量与各自的全球平均产量的比值，作为每一类产品消耗的生态生产性土地的全球生态足迹面积（单位为hm^2）。由于不同类型土地的生产力不同，所以需要将每种类型土地的面积与各自的均衡因子作积，然后加总各类等价土地，就能得到该区域的生态足迹总量。其中，在计算化石能源用地足迹时，由于不同能源的统计单位不同，所以需要将各种能源消耗量乘以其各自的能源折算系数。计算结果见表5－1、表5－2、表5－3。

表5－1　2007年新疆生物资源的生态足迹

生物资源种类	全球平均产量（kg/hm^2）	总消费量（10^4t）	总生态足迹（10^4hm^2）	人均生态足迹（hm^2/人）	土地类型
谷物	2744.00	846.35	869.79	0.42	耕地
豆类	1856.00	20.69	31.44	0.02	耕地
薯类	12607.00	20.27	4.53	0.00	耕地
油料	1856.00	40.30	61.23	0.03	耕地
棉花	758.00	301.27	1120.82	0.53	耕地
麻类	1500.00	8.87	16.68	0.01	耕地
烟叶	1548.00	0.22	0.40	0.00	耕地
蔬菜	18000.00	871.34	136.51	0.07	耕地
水果	3500.00	672.55	219.06	0.10	林地
木材	1.99	41.00	23.49	0.01	林地
猪肉	74.00	31.73	231.54	0.11	草地
牛肉	33.00	42.25	691.36	0.33	草地
羊肉	33.00	65.02	1063.96	0.51	草地

续表

生物资源种类	全球平均产量（kg/hm²）	总消费量（10⁴t）	总生态足迹（10⁴hm²）	人均生态足迹（hm²/人）	土地类型
禽肉	33.00	13.74	224.84	0.11	草地
牛奶	502.00	196.23	211.08	0.10	草地
禽蛋	400.00	28.37	38.30	0.02	草地
水产品	29.00	8.89	67.44	0.03	水域

注：①全球平均产量一栏中木材的单位是 m^3/hm^2；②总消费量中木材的单位是 $10^4/m^3$。

表 5－2　2007 年新疆能源资源的生态足迹

能源种类	全球平均能源足迹（GJ/hm^2）	折算系数（GJ/t）	能源消费量（10^4t）	总生态足迹（10^4hm^2）	人均生态足迹（hm^2/人）	生产面积类型
焦炭	55.00	28.47	430.58	208.81	0.10	化石能源用地
原油	93.00	41.87	2604.31	465.87	0.22	化石能源用地
汽油	93.00	43.12	277.34	102.34	0.05	化石能源用地
煤油	93.00	43.12	30.60	8.58	0.00	化石能源用地
柴油	93.00	42.71	819.96	206.06	0.10	化石能源用地
燃料油	71.00	50.20	66.67	17.09	0.01	化石能源用地
天然气	93.00	38.98	210.33	395.86	0.19	化石能源用地
电力	1000.00	11.84	416.87	7.23	0.00	建筑用地

注：①能源消费量中天然气的单位是亿 m^3，折合为标准煤计算，换算公式为 $1m^3$ 天然气 = 1.33kg 标准煤；②电力的单位是亿 kW. h，单位换算式为 1kW. h = 0.1229kg 标准煤。

表 5－3　2007 年新疆生态足迹

土地类型	总生态足迹（10^4hm^2）	人均生态足迹（hm^2/人）
耕地	2241.40	1.07
林地	242.55	0.12
草地	2461.09	1.17

续表

土地类型	总生态足迹（10^4hm^2）	人均生态足迹（hm^2/人）
水域	67.44	0.03
建筑用地	6.07	0.00
化石能源用地	3134.21	1.50

由表5－1、表5－2、表5－3以及生态足迹的计算模型（5－1）计算汇总可得到新疆十年间的生态足迹（见表5－4）和西北五省十年内的平均生态足迹（见表5－5）。

表5－4　2007～2015年新疆生态足迹汇总

年份	人口（万人）	耕地（10^4hm^2）	林地（10^4hm^2）	草地（10^4hm^2）	水域（10^4hm^2）	建筑用地（10^4hm^2）	化石能源用地（10^4hm^2）	生态足迹总计（10^4hm^2）	人均生态足迹（hm^2/人）
2007	2095.19	2241.40	242.55	2461.09	67.44	6.07	3134.21	8152.76	3.89
2008	2130.81	2324.59	299.12	1751.77	70.25	7.12	3405.47	7858.33	3.69
2009	2158.63	2460.17	365.26	1732.16	73.59	8.31	3511.04	8150.54	3.78
2010	2181.58	2499.39	355.73	1830.63	76.70	9.89	3767.13	8539.46	3.91
2011	2208.71	2730.48	360.91	1860.22	88.68	12.74	3844.10	8897.12	4.03
2012	2232.78	2981.57	418.68	1946.98	95.06	17.28	3990.62	9450.18	4.23
2013	2264.30	3077.65	454.55	2038.24	99.91	24.27	4560.20	10254.81	4.53
2014	2298.41	3168.53	502.99	2183.17	109.24	30.43	4874.65	10869.00	4.73
2015	2630.00	3261.36	552.03	2240.09	114.86	31.44	4449.72	10649.49	4.05

表5－5　2007～2015年西北五省平均生态足迹汇总

年份	人口（万人）	耕地（10^4hm^2）	林地（10^4hm^2）	草地（10^4hm^2）	水域（10^4hm^2）	建筑用地（10^4hm^2）	化石能源用地（10^4hm^2）	生态足迹总计（10^4hm^2）	人均生态足迹（hm^2/人）
2007	1854.50	1006.43	160.07	993.16	33.80	7.23	1404.61	3605.30	1.94
2008	1860.25	1057.40	184.99	872.40	35.47	8.04	1554.38	3712.69	2.00
2009	1866.00	1109.84	210.10	883.32	37.55	8.77	1676.25	3925.84	2.10

续表

年份	人口（万人）	耕地（10^4hm^2）	林地（10^4hm^2）	草地（10^4hm^2）	水域（10^4hm^2）	建筑用地（10^4hm^2）	化石能源用地（10^4hm^2）	生态足迹总计（10^4hm^2）	人均生态足迹（hm^2/人）
2010	1880.25	1148.19	218.67	912.22	40.27	10.52	1865.77	4195.64	2.23
2011	1878.55	1210.25	232.12	920.88	48.60	13.06	2049.54	4474.45	2.38
2012	1887.64	1302.69	250.31	966.85	56.44	15.03	2288.46	4879.77	2.59
2013	1894.55	1324.21	264.81	1008.07	63.98	17.51	2579.65	5258.23	2.78
2014	1902.70	1350.99	283.03	1068.90	71.22	19.19	2737.86	5531.19	2.91
2015	1912.14	1385.50	301.51	1094.90	76.14	19.22	2624.62	5501.88	2.88

（2）生态承载力的计算。2007～2015年新疆耕地、林地、草地、水域、化石能源用地以及建筑用地的面积和西北五省各种土地类型（以新疆为标准）的平均面积如表5－6和表5－7所示。

表5－6 2007～2015年新疆生态承载力汇总

年份	人口（万人）	耕地（10^4hm^2）	林地（10^4hm^2）	草地（10^4hm^2）	水域（10^4hm^2）	建筑用地（10^4hm^2）	化石能源用地（10^4hm^2）	实际生态承载力（10^4hm^2）	人均实际生态承载力（hm^2/人）
2007	2095.19	1925.94	701.84	524.48	2.42	577.80	0.00	3284.59	1.57
2008	2130.81	1930.81	701.78	524.43	1.63	580.38	0.00	3290.33	1.54
2009	2158.63	1930.81	701.78	524.43	1.61	580.38	0.00	3290.32	1.52
2010	2181.58	1930.81	701.78	524.43	1.61	580.38	0.00	3290.32	1.51
2011	2208.71	1930.81	701.78	524.43	1.63	580.38	0.00	3290.34	1.49
2012	2232.78	1930.81	701.78	524.43	1.56	580.38	0.00	3290.28	1.47
2013	2264.30	1930.81	701.78	524.43	1.56	580.38	0.00	3290.27	1.45
2014	2298.41	1930.81	701.78	524.43	1.59	580.38	0.00	3290.31	1.43
2015	2630.00	1930.81	701.78	524.43	1.59	580.38	0.00	3290.31	1.25

表 5-7 2007~2015 年西北五省平均生态承载力汇总

年份	人口（万人）	耕地（10^4hm^2）	林地（10^4hm^2）	草地（10^4hm^2）	水域（10^4hm^2）	建筑用地（10^4hm^2）	化石能源用地（10^4hm^2）	实际生态承载力（10^4hm^2）	人均实际生态承载力（hm^2/人）
2007	1854.50	1148.26	485.14	248.30	0.83	176.89	0.00	1812.29	0.98
2008	1860.25	1149.63	485.21	248.27	1.19	177.78	0.00	1814.64	0.98
2009	1866.00	1149.75	528.32	248.27	1.18	177.78	0.00	1852.66	0.99
2010	1880.25	1149.67	528.32	248.25	0.90	177.78	0.00	1852.32	0.99
2011	1878.55	1142.68	546.39	246.23	0.96	177.78	0.00	1860.35	0.99
2012	1887.64	1142.07	546.22	247.97	0.97	177.78	0.00	1861.21	0.99
2013	1894.55	1162.89	549.54	247.39	0.97	177.78	0.00	1881.94	0.99
2014	1902.70	1168.22	567.90	251.91	1.57	177.78	0.00	1907.29	1.00
2015	1912.14	1168.22	567.90	251.91	1.57	177.78	0.00	1907.29	1.00

由表 5-4 和表 5-5 以及生态承载力的计算模型（5-2）计算汇总可得到新疆九年间的生态承载力（见表 5-6）和西北五省九年内的平均生态承载力（见表 5-7）。

（3）生态绩效指数的计算。根据式（5-3），可计算得出 2007~2015 年新疆的生态绩效指数和西北五省的平均生态绩效指数（见表 5-8）。

表 5-8 2007~2015 年新疆生态绩效指数

年份	总生态足迹		实际生态承载力		生态赤字（盈余）指数	
	新疆	西北五省	新疆	西北五省	新疆	西北五省
2007	8152.76	3605.30	3284.59	1812.29	2.48	1.99
2008	7858.33	3712.69	3290.33	1814.64	2.39	2.05
2009	8150.54	3925.84	3290.32	1852.66	2.48	2.12
2010	8539.46	4195.64	3290.32	1852.32	2.60	2.27
2011	8897.12	4474.45	3290.34	1860.35	2.70	2.41
2012	9450.18	4879.77	3290.28	1861.21	2.87	2.62

续表

年份	总生态足迹		实际生态承载力		生态赤字（盈余）指数	
	新疆	西北五省	新疆	西北五省	新疆	西北五省
2013	10254.81	5258.23	3290.27	1881.94	3.12	2.79
2014	10869.00	5531.19	3290.31	1907.29	3.30	2.90
2015	10649.49	5501.88	3290.31	1907.29	3.24	2.88

5.2.4　评估结果与分析

（1）生态足迹计算结果分析。新疆生态足迹在2007～2008年呈下降趋势（见图5－1），人均生态足迹由2007年的3.89公顷降至2008年的3.69公顷，总生态足迹由8152.76万公顷下降至7858.33万公顷；而在2008年之后的六年间却一直处于上升状态，人均生态足迹从2008年的3.69公顷上升到2014年的4.73公顷，总生态足迹由2008年的7858.33万公顷升至2014年的10869万公顷；但人均生态足迹与总生态足迹在2015年又突然骤降至3.7公顷和9733.71万公顷。

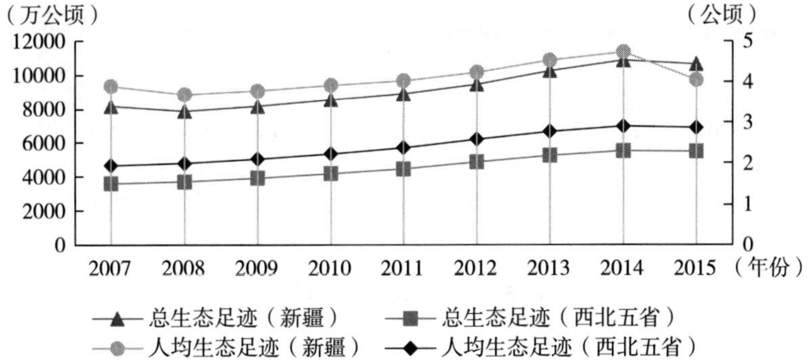

图5－1　生态足迹

西北五省的人均生态足迹和总生态足迹在2007～2015年呈上升趋势，人均生态足迹从2007年的1.94公顷升至2015年的2.88公顷，总生态足迹由2007年的3605万公顷升至2015年的5502万公顷，只在2015年略有下降。

整体而言，新疆的生态足迹较高于西北五省的平均水平，这与新疆重工业的快速发展是分不开的，同时新疆对各类型自然资源的开发程度也存在一定程度的缺衡性。

（2）生态承载力计算结果分析。新疆人均实际生态承载力在2007～2015年这九年之间一直呈下降趋势（见图5－2），由2007年的1.57公顷降至2015年的1.25公顷，下降了20.2%，而新疆的实际生态承载力却在九年间基本未变，基本在3289.00万公顷左右，导致这一现象的主要原因是新疆经济的快速发展吸引着越来越多的人来到新疆，使新疆人口流动增大。

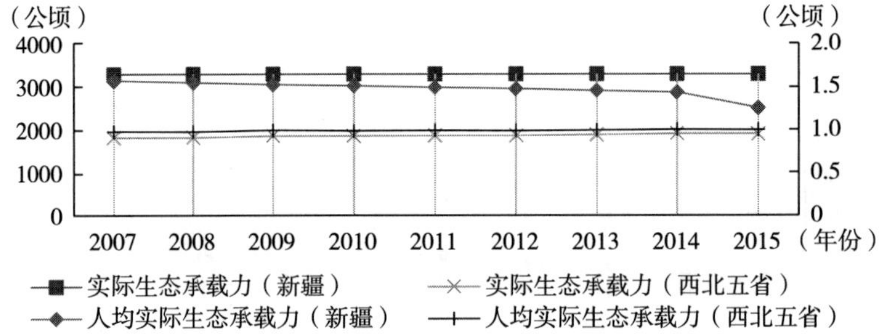

图5－2　实际生态承载力

整体而言，新疆的人均实际生态承载力和实际生态承载力均高于西北五省的平均水平，这与新疆资源丰富、地大物博的特点是分不开的，而且新疆南疆的面积占据了新疆整体面积的2/3，南疆又主要以农业生产为主，使新疆的实际生态承载力高于西北五省。

（3）生态绩效计算结果分析。新疆生态绩效指数在2007~2015年这九年间一直大于2且整体呈上升趋势（见图5-3），说明新疆长期以来处于生态赤字状态，这与新疆农牧业的生产压力和重工业的压力有关，同时资源消耗越来越多，而对资源的回收利用做得却不到位，并未做到可持续发展。生态绩效指数由2007年的2.48升至2015年的3.24，但在2008年下降了0.1，之后几年一直稳步上升，在2015年有所回落，但也仅下降0.06。

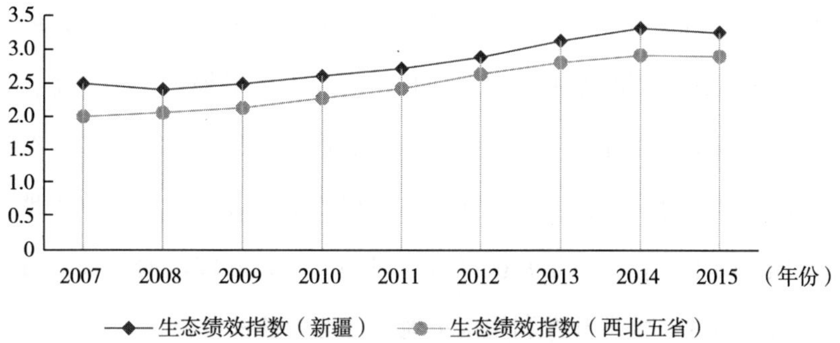

图5-3　生态绩效指数

西北五省的生态绩效指数在2007~2015年的九年间变化趋势与新疆基本相同，都呈上升趋势，由2007年的1.99升至2015年的2.88。

整体而言，新疆与西北五省均显示为生态赤字，表明生态绩效评估结果较差，自然资源的消耗不能满足人类的需求，终有枯竭的一天。同时新疆的生态绩效指数高于西北五省的平均水平，主要是由于新疆资源利用率低。

5.2.5 提高新疆生态绩效的对策及建议

（1）加大生态效益指标在经济社会发展评估中的比重。长期以来，我国一直以 GDP 的高低来衡量某地区社会的发展水平，但这种评估标准明显是片面的，社会的发展并不仅是生产总值的高低，其所涉及的层面有很多，其中环境就是其中的一方面。新疆经济的快速发展导致了日益严重的环境问题，因此扩大生态效益指标在经济社会发展评估中的比重是很有必要的，同时加快治理天然林、塔里木盆地和准噶尔盆地周边的沙漠化问题，并推进生态修复工作。

（2）提高资源利用率，引进高新技术。新疆资源丰富，有丰富的矿产资源和土地资源，同时新疆光照时间长，有利于瓜果等农作物的生长，这些都是新疆发展的有利条件。政府可以增加财政投入，集中利用农牧产业，从国内外引进高新技术，增加单位面积产量。占新疆 63.8% 土地面积的南疆提供的生产总值不足新疆经济总量的一半，新疆政府应加大协调区域发展政策力度，合理开发利用南疆地区土地等各种资源。

5.3 基于能值法新疆生态绩效评估

5.3.1 改进的生态足迹模型设计

（1）首先将某一区域不同的消费项目进行划分，然后将该区域消费的不同种类的能量通过能量折算标准转换成统一的能量（J）。再计算出该区域的各项消费的总能值，将各消费项目的能量乘以能值转换率，可以计算出该区域各消费项目的太阳能值并进行汇总。最后计算出该区域的人均太阳能值。将计算出的人均太阳能值与该区域的能值密度相比，可以计算出该区域的人均生态足迹。

（2）计算自然生态系统的承载力。在自然生态系统中的自然资源分为两类：可更新资源与不可更新资源。可更新资源的再生能力比较强，但是利用率比较低。不可更新资源的再生能力比较弱，但是利用起来比较方便快捷。伴随着社会居民人口的不断增长，对自然生态系统的依赖越来越大，自然资源的消耗量不断增多，为了维持未来的可持续性发展，就需要加大对可再生资源的利用。因此，主要计算可更新资源的能值，公式如下：

$$Ec = \frac{e}{p1} \qquad (5-4)$$

其中，E_c 表示生态承载力（hm^2/人）；e 表示可更新资源转换成的人均太阳能值（sej/人）；$p1$ 示全球平均能值密度（sej/hm^2）。

自然生态系统中的资源主要来自地球生物圈的作用，推动地球生物圈的物质循环主要靠太阳辐射能、海水势能、海水动能和地壳抽取的天然热能这四种能源。为了防止同种性质能源的多次计算，同一性质的能量只用这种性质能源的最高值。利用同种性质能源的最大值折算出的具有生物生产力的地表空间面积，来计算该区域的自然系统的生态供给。

（3）计算生态足迹。首先要计算出某一区域的总能值，计算该区域的总能值时，主要考虑三种可更新资源：太阳辐射能、风能以及雨水势能的能值。为了防止同种能源的能值多次计算，以这五种资源中能值最大的作为该区域总能值。然后根据公式可以计算出该区域的能值密度。其计算公式如下：

$$p2 = 区域总能值/区域土地面积 \tag{5-5}$$

最后把每项消费的人均能值转换成生物生产性土地或者水域面积。居民对自然资源的消费种类主要分成生物资源消费和能源资源消费这两种。其中生物资源消费主要组成包括农业产品、畜产品和水产品等大类，大类还有一些细分。能源资源消费主要包括煤炭、原油、天然气和电力等。其计算公式是：

$$Ef = \sum_{i=1}^{n} a_i = \sum_{i=1}^{n} \left(\frac{c_i}{p2}\right) \tag{5-6}$$

其中，E_f 表示生态足迹（hm^2/人）；i 表示消费资源的类型；a_i 表示第 i 种资源的生态足迹（hm^2/人）；C_i 表示第 i 种资源转换成的人均太阳能值（sej/人）；$p2$ 表示区域能值密度。

（4）分析得出该区域生态赤字或者生态盈余情况。将计算出的每种资源的人均生态足迹和每种资源的人均生态承载力汇总，两者之间进行比较，计算得到该区域的自然生态系统是生态赤字还是生态盈余，从中可以评估该区域的环境状况和可持续发展状况。

5.3.2 基于能值的新疆生态绩效实证过程

2015 年新疆的土地总面积为 16648 亿平方米。2015 年新疆总人口数为 2360 万人。本书所用的土地面积、人口总数、各项可更新资源以及各项资源消费项目数据都来源于历年《新疆统计年鉴》。参考中国地理与资源研究员严茂超与美国生态学家 H. T. Odum 的研究成果可以得知，世界平均每年总能值为 1.583 × 1025sej，世界的平均能值密度 $p1$ 为 3.104 × 1014sej/

hm^2，根据式（5－4）可以计算出 2015 年新疆的人均生态承载力，得出新疆 2015 年的人均生态承载力中的最大值为 58.7hm^2/人。又需要扣除 12%的保护生物多样性用地，计算出的人均生态承载力在减去了 12%的保护生物多样性用地之后，实际可供社会居民利用的土地面积为 51.66hm^2/人。因此，可以得出，2015 年新疆的生态承载力实际为 51.66hm^2/人。通过比较得出，新疆风能能值最大。所以新疆的年均总能值为 4.43×1023sej，因此，根据式（5－5）可以计算出新疆的能值密度 $p2$ 为 2.661 ×1015sej/hm^2，最后根据式（5－6）可以计算出新疆 2015 年的各项消费项目的人均生态足迹。因此，可以得出，2015 年新疆的人均生态足迹为 196.27hm^2/人。通过上述方法将 2008～2015 年新疆的人均生态承载力计算比较，得到表 5－9。通过对新疆 2008～2015 年自然生态资源的消费情况分析，可以得出表 5－10。

表 5－9 2008～2015 年人均生态承载力

年份	人均太阳能值 sej	人均生态承载力（hm^2/人）	实际人均生态承载力（hm^2/人）
2008	2.2×10^{16}	70.72	62.23
2009	2.15×10^{16}	69.16	60.86
2010	2.08×10^{16}	66.98	58.94
2011	2.02×10^{16}	65.03	57.23
2012	1.97×10^{16}	63.49	55.87
2013	1.91×10^{16}	61.5	54.12
2014	1.87×10^{16}	60.21	52.99
2015	1.82×10^{16}	58.7	51.66

表 5-10　2008~2015 年人均生态足迹

年份	农产品能值/sej	畜产品能值/sej	水产品能值/sej	能源产品能值/sej	人均太阳能值/sej	人均生态足迹/（hm^2/人）
2008	1.64×10^{25}	1.53×10^{26}	2.04×10^{24}	1.72×10^{23}	4.37×10^{17}	164.31
2009	1.67×10^{25}	1.56×10^{26}	2.14×10^{24}	1.95×10^{23}	4.49×10^{17}	168.72
2010	1.75×10^{25}	2.13×10^{26}	2.22×10^{24}	2.12×10^{23}	4.63×10^{17}	173.82
2011	1.77×10^{25}	2.26×10^{26}	2.58×10^{24}	2.3×10^{23}	4.76×10^{17}	178.73
2012	2.17×10^{25}	2.3×10^{26}	2.76×10^{24}	2.55×10^{23}	4.84×10^{17}	181.94
2013	2.3×10^{25}	2.37×10^{26}	2.9×10^{24}	2.83×10^{23}	4.97×10^{17}	186.72
2014	2.52×10^{25}	2.42×10^{26}	3.16×10^{24}	2.93×10^{23}	5.08×10^{17}	190.8
2015	2.83×10^{25}	2.49×10^{26}	3.32×10^{24}	3.01×10^{23}	5.22×10^{17}	196.27

5.3.3　实证结果分析

比较每一年新疆自然生态系统的人均生态足迹与人均生态承载力之间的差距，可以反映出新疆每一年处于生态赤字或者生态盈余现象。2008~2015 年新疆人均生态足迹及人均生态承载力变化见表 5-11。由此可知，新疆生态承载力的变化不大，但总体的变化呈现下降趋势，由 2008 年的人均 62.23hm^2/人下降到 2015 年的 51.66hm^2/人。新疆人均生态足迹由 2008 年的 164.31hm^2/人增长到 2015 年的 196.27hm^2/人，并且增长速度逐年递增。新疆自从 2008 年开始，一直处于生态赤字的状态。这表明新疆发展在 2008 年之后一直处在不可维持的状况，并且不可持续性不断增大。新疆能源系统中不可再生资源占消费项目的比重很大，表明新疆经济发展主要依靠消费新疆的不可再生资源，自然资源消费结构不合理。这就要求新疆未来的发展要进一步加强对自然环境的保护，从而促进新疆经济与生态环境的可持续发展。新疆的人均生态足迹不断上升，且上升的速度小幅度增加。人均生态承载力却不断下降。新疆的人均生态足迹与人均生态承载力之间差距不断扩大，这表明新疆的生态赤字状况越来越严重。随着逐年居民人口的增多，新疆的自然资源将会越来越稀少。

表5-11 2008~2015年人均生态足迹与人均生态承载力变化比较

单位：hm^2/人

年份	人均生态足迹	人均生态承载力
2008	164.31	62.23
2009	168.72	60.86
2010	173.82	58.94
2011	178.73	57.23
2012	181.94	55.87
2013	186.72	54.12
2014	190.8	52.99
2015	196.27	51.66

通过对新疆自然资源利用量的构成来看，居民对牧场的自然消费所占比重最大。同时，新疆的沙质土地却又占比较多。这更能说明，开垦荒地对新疆缓解生态赤字状况、实现新疆可持续发展具有重要意义。

5.3.4 新疆生态绩效评估结论及建议

（1）新疆生态绩效评估结论。本书通过2008~2015年新疆改进的生态足迹模型分析，可以得出几个结论：新疆社会经济发展自2008年开始一直处于生态赤字现象，并且不可持续性发展不断扩大。这可能是因为新疆居民人口不断增长，为了生存消耗了更多的自然资源，居民人口为了可以维持生活活动，过度消耗新疆绿洲这些不可再生资源。经济发展水平增加缓慢，传统农业结构牢固无法革新。

（2）提高新疆生态绩效的对策。为了确保新疆的可持续发展，本书提出以下建议：

1）合理开发运用新疆的自然资源，对自然资源开发要节制，一方面要合理有序布局资源开发，考虑资源开发的空间布局；另一方面要提升自然资源、能源的利用率，提高其利用效率，新疆自然资源没能充分发挥出潜力。新疆的太阳辐射能以及风能都非常充足，所以要大力提倡对太阳辐射能和风能的开发。新疆本就是一个土地广阔但却没有完全利用好的区域，合理开发这些可再生资源是新疆未来保持可持续发展的重要基础。

2）加大荒地开垦力度、种草种林力度，促进生态保护建设。由于新疆远离海洋，降水稀少，所以新疆沙漠化土地面积较大。西部支援计划一直在进行中，但新疆的沙漠化问题仍然很严重。这就需要有关的科研部门进一步研究如何有效地进行新疆沙漠化土地开垦。沙漠化土地若能有效利用起来，将会促进新疆的可持续性发展。

3）合理调整产业结构。从整体上看，要改变现在以资源、能源高消耗为主的产业结构，大力发展现代服务业，充分利用旅游资源发展旅游业等一系列的低能耗产业。同时，从各个产业规模和结构来看，需要合理控制产能过剩行业规模，对高能耗产业进行合理调整优化，完善技术创新体系，降低单位 GDP 能耗，减轻产品生产对环境的压力，维持可持续发展。除此之外，新疆还要积极推行环保政策，节能减排，大力发展可回收的新型节能产业，从而使新疆的生态环境进入良性合理发展。

4）要改善新疆自然环境状况，减轻环境承受压力。良好的自然环境需要足够的可再生资源投入，但是可再生资源的投入又需要自然环境的提供做保障。乌鲁木齐近几年也多次出现了雾霾现象，这表明新疆社会经济增长多是过度消耗生态系统中的不可再生资源，同时造成了环境的恶化，这使新疆自然环境所承受的压力越来越大。新疆自然环境的破坏就导致可更新资源的利用率大大下降，例如太阳辐射能和风能等资源。因此，新疆为了维持未来可持续性发展一方面需要调整产业结构，减少对不可再生资源的利用，同时加大对不可更新资源的利用率；另一方面要加强新疆生态系统功能调整，建立“资源—产品—再生资源”的可持续发展模式。

5）建立健全有关新疆环境保护的法律法规。由于新疆属于西部地区，能源更新速度本来就很慢，如果再加上人为的破坏，那将对新疆的自然环境带来可怕的负面后果。所以国家更应该加强重视新疆的自然环境保护，培养居民的环保意识。从根源上杜绝破坏新疆自然环境的现象。

5.4 基于数据包络的新疆生态绩效评估

5.4.1 研究方法

本书采用数据包络分析，数据包络分析（Data Envelopment Analysis，DEA）是一种对多个输入指标、多个输出指标的多个决策单元进行分析的方法，是现在运用较多的绩效评估方法之一。

数据包络分析模型是在“相对效率评估”基础上出现的一种新的系统分析方法。DEA将相对效率分析为基础，根据多个输入指标和多个输出指标对同类型的部门或单位进行相对有效性或效益评估。假设有 n 个决策单元（Decision Making Unites，DMU），每个决策单元都有 m 种类型的输入和 s 种类型的输出，分别用 X_j 和 Y_j 表示，V、U 为权系数，则有：

$X_j=(X_{1j}, X_{2j}, \cdots, X_{mj})^T$，$Y_j=(Y_{1j}, Y_{2j}, \cdots, Y_{sj})^T$，$V=(V_1, V_2, \cdots,$

$V_m)^T$，$U=(U_1, U_2, \cdots, U_s)^T(X_{ij}>0, Y_{rj}>0, V_i>0, U_r>0, j=1, 2, \cdots, n; i=1, 2, \cdots, m; r=1, 2, \cdots, s)$

其中，X_{ij}表示第j个决策单元的第i种类型的输入量，Y_{rj}表示第j个决策单元的第r种类型的输出量。则每个决策单元都有相应的评估指标数为：

$$h_j = \frac{\sum_{r=1}^{s} U_r Y_{rj}}{\sum_{i=1}^{m} V_i X_{ij}}$$

可以选取适当的权系数V和U，使满足$h_j \leqslant 1$，$j=1, 2, \cdots, n$。对第k个决策单元进行效果评估（$1 \leqslant k \leqslant n$），以权系数$V$和$U$为变量，以决策单元$k$的效率指数$h_k$为目标，以所有决策单元的效率指数$h_j \leqslant 1$（$j=1, 2, \cdots, n$）为约束，构造最优化模型M。对于模型M利用Charnes－Cooper变换得到与M等价的线性规划问题（P）及其对偶规划（D），分别为：

$$P\begin{cases} \max \mu^T Y_k = VP \\ \text{s. t. } \omega^T X_j - \mu^T Y_j \geqslant 0 \\ \omega^T X_k = 1 \end{cases}$$

$\omega \geqslant 0$，$\mu \geqslant 0$

$m_{in}\theta = VD$

$$D\begin{cases} \text{s. t. } \sum_{j=0}^{n} \lambda_j X_j + S^- = OX_k \\ \sum_{j=0}^{n} \lambda_j Y_j + S^+ = Y_k \end{cases}$$

$\lambda_j \geqslant 0$，$j=1, 2, \cdots, n$

$S+ \geqslant 0$，$S- \geqslant 0$

θ为该决策单元的有效值，$S+$、$S-$为松弛变量。当$\theta=1$且$S+=$

$S-=0$ 时，为 DEA 有效；当 $\theta=1$ 且 $S+$ 或 $S-\neq 0$ 时，则称 DEA 弱有效；当 $\theta<1$ 时，称 DEA 无效。DEA 有效的经济含义为：在投入产出最佳状态下不存在“超量”投入及“亏量”产出。

5.4.2 新疆生态绩效评估指标选取

（1）输入指标选取。对 DEA 模型输入指标的选取：新疆生态环境的建设和保护人为因素起主导作用，人们对生态环境建设和保护的投入便是模型输入值，人为因素中人力、资金和技术占了较大的比重。所谓人力便是专职环保工作的人，可用年专职环保人员数量来计算；资金的投入主要用在污染治理，则可用污染治理项目年完成投资额来计算资金的投入；技术的投入无法直接计算，但是有每年的环保科研经费，所以可以用年环保科研经费来计算技术投入。在人力、资金、技术投入的同时生态资源的投入也是不可或缺的，生态资源的投入主要是生态用地，因为生态用地为新疆生态环境的重要保护区，所以将生态用地的数量作为计算生态资源投入的指标。综上，对 DEA 模型输入指标的选取为：年专职环保人员数量（μ1）、污染治理项目年完成投资额（μ2）、年环保科研经费数目（μ3）和年生态用地数量（μ4）作为 DEA 模型的输入指标（见表 5－12）。

表 5－12 DEA 模型的输入指标

输入指标＼年份	2006	2007	2008	2009	2010	2011	2012	2013	2014	2015
年专职环保人员数量	2968	2962	2962	3197	3237	3372	3459	3438	3854	3857

续表

年份 输入指标	2006	2007	2008	2009	2010	2011	2012	2013	2014	2015
污染治理项目年完成投资额（万元）	45229	60138	68004	143495	66813	231700	79100	223900	367700	152600
年环保科研经费数目（万元）	210335	264037	363618	419340	328690	1226100	1708000	1654300	1275600	8800
年生态用地数量（万公顷）	6307.6	6308.05	6308.48	6308.48	6308.48	6308.48	6308.48	6308.48	6308.48	6308.48

（2）输出指标选取。为了明确地描述新疆的生态状况，需要一些指标来反映新疆的生态状况，本书选取生态系统服务价值、人均生态足迹、生态绿当量、环境质量综合指数等指标，并将这些指标作为 DEA 模型输出指标（见表 5－13）。有关生态方面指标，森林土地是生态环境调节的主要土地，同时其他植被土地对生态调节也有重要作用，选择生态绿当量来反映其他植被土地和森林土地之间的关系，从而表述新疆土地利用的情况；为了研究生态经济价值，可以通过生态系统提供的服务功能价值来反映生态的经济价值，这两项指标可以从不同的方面来研究新疆生态环境的优良状况。有关环境方面指标，人为因素对环境的影响不可小觑，人对生态资源的消耗是生态压力的重要来源之一，环境的污染也是人为造成的，所以用人均生态足迹来反映新疆生态环境情况。同时，环境质量是有许多的参考指数的，将这些指数进行综合分析来表述生态环境就是环境质量的综合指数。综上所述，本书选择四项指标来研究新疆生态环境特征：①生态系统服务价值（ESV）；②生态绿当量（EGE）；③人均生态足迹（EFD）；④环境质量综合指数（CIEQ）。

表 5－13　DEA 模型的输出指标

年份 输入指标	2006	2007	2008	2009	2010	2011	2012	2013	2014	2015
生态系统服务价值（亿元）	134.40	133.34	125.74	125.28	123.96	123.75	124.66	122.01	119.79	118.76
生态绿当量	0.125	0.125	0.125	0.110	0.112	0.112	0.135	0.133	0.133	0.133
人均生态足迹赤字（hm^2）	－0.909	－0.952	－0.983	－1.011	－1.030	－1.054	－1.073	－1.102	－1.131	－1.762
环境质量综合指数	1.576	1.583	1.604	1.687	1.732	1.976	1.864	1.635	1.612	1.534

（3）生态系统服务价值。生态系统服务价值是指生态系统在运转过程中能够为人们提供的效益。生态系统的每种服务都有其相应的服务价值，即生态系统服务价值（ESV，ecosystem servicesvalue），包括现实中可看到的生态产品价值和现实中无法看到的生态功能价值两部分。新疆生态系统服务价值计算公式为：

$$ESV = \sum_{i=1}^{n} \sum_{j=1}^{n} A_i V_{ij}$$

其中，ESV 为整个新疆的生态系统服务价值（元）；A_i为新疆内第 i 类土地所占有的面积（hm^2）；V_{ij}为第 i 类土地的第 j 类生态系统服务功能的价值系数。

（4）生态绿当量。当量是指与特定的指标的相当量，生态绿当量（Ecological Green Equivalent，EGE）是以森林的生态功能为参考，其他的绿色植被生态功能对于森林生态功能的相当量，生态绿当量也可以解释为其他绿色植被的生态功能和等量面积森林的生态功能的比值。其计算公式如下：

$$EGE = (A_0 + \sum_{i=1}^{n} A_i P_i G_i)/A$$

其中，EGE 为新疆的生态绿当量；A_0 为新疆森林面积；A_i 为新疆具有和森林基本相同生态功能当量的其他绿色植被的面积；P_i 为单位面积其他绿色植被相对于等量森林面积的生态功能当量；G_i 为新疆其他绿色植被的生长期系数；A 为新疆土地总面积；n 为其他绿色植被种类。单位面积其他绿色植被相对于等量森林面积的生态功能当量采用：田园为 0.72，灌木为 0.93，牧草为 0.70，旱田为 0.65，其他绿色植被为 0.46。

（5）生态足迹。生态足迹（Ecological Footprint，EF）指能够为一定人口持续提供所需的资源并且能够消纳这些人口产生的废物，而且具有生态生产力的土地的总面积，将某地区生态足迹与该地区的生态能力进行比较，就可以判断该新疆的人类活动是否处于生态承载力的可行范围之内。人均生态足迹赤字（或盈余）的计算公式为：

$$EFD = \sum_{i=0}^{n} A_i B_i O_i - \sum_{i=0}^{n} A_i' B_i$$

其中，EFD 表示研究新疆人均生态足迹赤字（或盈余）量；A_i 为新疆人均现有生态生产型土地面积；B_i 为均衡因子；O_i 为产量因子；A_i' 为新疆内人均生态生产型土地需求面积。这里均衡因子采用：可耕地为 2.82，牧草地为 0.54，建设用地为 2.82。

（6）环境质量综合指数。环境质量综合指数（Comprehensive Index of Environmental Quality，CIEQ）为表述新疆环境质量的因素，其全面考量了各种污染现状，但又不受污染物种类和个数多少的限制，于是在时间和空间上都有可以比较的可能性。本书采用算术平均值法，计算公式如下：

$$CIEQ = \frac{1}{n} \sum_{i=0}^{n} \frac{C_i}{C_{oi}}$$

其中，$CIEQ$ 为环境质量综合指数；C_i 为实测代表值；C_{oi} 为标准值；

n 代表参加评估的指标数。本书中的评估指标包括新疆平均的工业污水排放量、地区平均的工业产生的 COD 排放量、地区平均的工业产生的废气排放量、地区平均的工业产生的SO_2排放量、地区平均的工业产生的固体废物产生量、地区平均的生活产生的污水排放量、地区平均的生活产生的 COD 排放量、地区平均的产生的生活及其他SO_2排放量总共八项环境质量指标。

5.4.3　新疆生态绩效评估实证分析

依据表 5－14 中各项指标计算可以发现，生态系统服务价值是逐年减少的，生态系统服务价值减少的重要原因是城市的经济高速发展和工业化发展，在城市经济和工业化发展的同时，许多生态用地转为城市用地和工业用地，从而导致新疆的生态系统服务价值减少。还可以发现生态绿当量较为稳定，但是在 2008～2011 年变化幅度较大，这是由于新疆经济发展需要，城市规模拓展，将一部分其他植被土地利用，使其他植被土地与森林土地比值发生变化。出现这种情况说明伴随着经济的高速发展生态环境将受到极大影响，新疆的发展没有将经济发展和生态环境进行协调。人均生态足迹赤字逐年增长，这是由于新疆人民的生活水平逐年提高，人均的生态占有变多，同时新疆生态土地减少，生态系统的资源供给不足也是人均生态足迹赤字增长的原因。有关环境质量综合指数的变化可以发现呈现由低到高而后再由高到低，说明新疆的环境质量在 2006～2011 年逐渐恶化而后逐渐转好，这是由于 2006～2011 年新疆经济高速发展，工业污染排放严重，对污染的治理需要一个过程，2011 年后污染治理得到成效，环境质量逐年提高。

表 5 – 14　2006 ~ 2015 年新疆生态环境特征指标值

生态环境特征指标 \ 年份	2006	2007	2008	2009	2010	2011	2012	2013	2014	2015
生态系统服务价值（亿元）	134.40	133.34	125.74	125.28	123.96	123.75	124.66	122.01	119.79	118.76
生态绿当量	0.125	0.125	0.125	0.110	0.112	0.112	0.135	0.133	0.133	0.133
人均生态足迹赤字（hm^2）	-0.909	-0.952	-0.983	-1.011	-1.030	-1.054	-1.073	-1.102	-1.131	-1.176
环境质量综合指数	1.576	1.583	1.604	1.687	1.732	1.976	1.864	1.635	1.612	1.534

5.4.4　新疆生态绩效评估实证结果

利用 DEA 模型进行计算时对数据要求输入指标和输出指标都要为正值，而且数值越大代表效率越高，由此在 DEA 模型计算前要对人均生态足迹和环境质量综合指数进行转换，具体方法是：将人均生态足迹赤字的绝对值求倒数作为计算的数值，将环境质量综合指数求倒数作为计算的数值。

利用 MAXDEA 软件对 DEA 模型输入指标和输出指标进行计算，得出新疆 10 年来生态环境建设绩效结果，详见表 5 – 15。

表 5 – 15　2006 ~ 2015 年新疆生态环境建设绩效 DEA 模型评估结果

年份	效率指数	输入冗余				输出不足			
		μ_1	μ_2	μ_3	μ_4	ω_1	ω_2	ω_3	ω_4
2006	1	-0	-0	-0	-0	0	0	0	0
2007	1	-0	-0	-0	-0	0	0	0	0
2008	1	-0	-0	-0	-0	0	0	0	0
2009	0.980595	-230.387	-76071.9	-80548.6	-0	0	0.012577	0.017072	0
2010	0.94728	-260.373	-3881.91	-30361.5	-0	0	0.006415	0.013944	0
2011	0.92063	-371.554	-171665	-935117	-0	0	0.003095	0.06417	0.022795

续表

年份	效率指数	输入冗余				输出不足			
		μ_1	μ_2	μ_3	μ_4	ω_1	ω_2	ω_3	ω_4
2012	1	-0	-0	-0	-0	0	0	0	0
2013	0.988277	-0	-143894	-7250.55	-0	1.551599	0	0.018551	0.00663
2014	0.995044	-376.666	-278454	-0	-0	4.258853	0	0	0.03813
2015	1	-0	-0	-0	-0	0	0	0	0

5.4.5 新疆生态绩效实证结果分析

DEA模型计算结果显示，2006年、2007年、2008年、2012年、2015年新疆生态环境建设绩效表现为DEA有效；2009年、2010年、2011年、2013年、2014年都表现为DEA无效，但效率指数有60%都在0.95以上；10年当中有效年份、无效年份各占50%。由于新疆生态环境特殊，生态环境存在先天不足，由此看来这10年新疆生态绩效比较明显，大量人力、财力、物力的投入对于新疆生态环境保护及恢复起了一定作用，但2009~2011年生态文明建设过程中的投入出现偏差，导致生新疆生态绩效下降。

根据松弛变量S-的输出结果不难发现，2006年、2007年、2008年、2012年、2015年新疆生态环境建设绩效表现为DEA有效，年专职环保人员数量、污染治理项目年完成投资额、年环保科研经费数目均为没有冗余，说明这几年新疆在生态环境建设方面比较有效，投入的人力、财力、技术发挥最大功效。生态文明建设的投入与普通的商品不同，生态文明建设过程中投入的资源是生态用地，不存在替代品，因此生态资源成为新疆生态环境建设绩效进一步提升需要克服的约束，只有所有投入发挥最大功效才能使生态建设有好的绩效。

分析S+的输出结果，有效年份的新疆生态系统服务价值在各种生态环境建设要素不同比例组合下都取得了最佳效果；通过观察可以发现有效年均不是近几年，无效年多数存在人均生态足迹输出不足，而且2009～2011年都存在生态绿当量和人均生态足迹输出不足的情况，这说明新疆生态环境特殊，生态资源稀缺，随着人们的生态需求增加，很容易使新疆生态环境无法提供满足人们需求量的资源。

2009～2011年新疆生态环境建设绩效下降主要表现为生态绿当量的输出不足和人均生态足迹赤字的增加，除了受生态用地先天不足影响以外，也与新疆人口数量迅速增加等因素有关。随着经济社会发展人民生活水平不断提高，人均占有的生态不断增加，导致新疆在固有的生态用地供给的限制下，人均生态赤字增加，以2009～2011年为例，新疆的生态用地恒定为6038.48万公顷，而人口数量由2158.63万增长到2208.71万，人均生态占用由1.978 hm^2下降到1.935 hm^2，由此两项的变化就使新疆生态足迹赤字总量增加145.61万hm^2。另外，新疆的环境质量存在累积隐患，总体来看2006～2011年新疆环境质量是逐渐恶化的，其中2006～2008年为环境建设绩效有效年，这说明在有效年间对污染虽有治理，但未得到有效治理，使污染物不断累积，污染物的增加导致生态环境负荷不断增加，环境质量逐年下降，生态系统的自我恢复需要漫长的周期，往往通过生态系统的恢复功能得不到明显的效果，治理力度不足，生态环境质量才会呈现不断恶化的状况。

通过DEA模型计算发现：①这10年当中有效年份、无效年份各占50%，并且无效年份的效率指数有60%都在0.95以上；②新疆近5年来生态环境建设DEA无效年比较多的原因是新疆生态环境特殊，生态稳定性脆弱，投入大量人力、财力、技术，不能获得立竿见影的效果，需要长期治理；③生态绿当量逐渐增加，并且近四年没有出现输出不足的情况，而且对污染方面的投入逐步减少，环境质量在提升，新疆生态状况逐步好转；④新疆生态环境建设绩效变化还受地区人口数量增加、人均生态占用增长、生态环境累积效应影响。

5.4.6　提高新疆生态绩效的对策建议

根据以上分析结果，在“一带一路”倡议下，从提高新疆绿水青山、生态文明、环境友好的角度出发，提出以下建议：

第一，结合新疆生态特征，合理规划土地利用，注重生态用地的重要性，着重保护生态用地。新疆是干旱地区，生态用地就显得格外珍贵，对新疆生态用地的保护和发展尤为重要。目前土地沙化是新疆的头号环境问题，解决土地沙化问题迫在眉睫。为了解决土地沙化问题，应以建设防护林、固沙带，增加人造绿地面积为扼制土地沙化的主要措施，同时在稳定沙化态势的前提下加强逆沙化力度，将沙化地建成重回可用的生态用地。退耕还林还草是一项重要逆沙化措施，在沙漠周围减少耕地，将耕地都转为林地草地，林地和草地常年都有根茎起到固沙作用，逐步将沙地转为可供种植的土地。

第二，正当布局生态环境建设要素投入，主要是将投入的人力、财力、技术与生态用地的发展进行适合的配比，真实提高生态建设效果。由于生态发展自身存在不可逆性，同时有人为因素影响使环境恶化难以恢复。由于是人为因素使环境恶化，同样可以以人为因素来引导生态环境转好。可根据新疆环境特征以及病症所在，分配人力、财力、技术的比重，重要问题可建设人工生态量，人工湖、人造林都是主要的人工生态。在轻微问题进行人工治理，以人为因素辅助，有生态的自我净化功能自己消化问题。

第三，加强对重要区域的生态环境的恢复、保护治理力度，尤其是工业园区、市区、农村集中居住区等。同时农业活动区的污染治理力度也需加强。这些区域是环境污染的源头，新疆生态系统脆弱，对污染的治理是长久之事，尽管近年来污染治理的投入有所减少，污染程度得到控制，新疆对污染治理有所成效，但是对污染治理的力度仍需加强，对污染排放标准严格管理，严禁使工业污染和城市污染的影响加重，在控制污染的情况下逐步减少污染。农业活动对新疆的污染是不可小觑的，农药、一次性农资的使用对农业区域的土地污染相当严重，新疆的农业用地所占比重较大，如果农业污染达到一定程度所带来的影响将是不可逆且很难治理的，所以对农药的管控以及一次性农资的回收尤为重要，不达标的农药要禁止使用，设立一次性农资回收站，减少农业污染。

根据实际需求，去产能、减少工业用地，增加生态用地数量。产能过剩是近几年的重要问题之一，产能过剩的同时也影响着生态环境。大量过剩产量工厂占地影响了生态用地数量。如今，应该根据实际的需求去产能，减少产能过剩，减少工业用地，将工业用地转为生态用地，从根本上改变新疆生态格局，使新疆生态功能供给满足人们的生态功能需求，全面增加生态绿当量，减少人均生态足迹赤字。

5.5 基于空间关联的自然资源生态绩效评估

基于空间相关性的自然资源生态绩效评估实证分析，最终有必要获得信息的有用性和可视化的要求的结果，以具有令人信服的强度，得到认可。中国环境治理工作不断发展进步，自然资源生态绩效评估也得到了更新，到了 1999 年，自然资源生态绩效评估被纳入中国绩效评估理论研究。其中，有许多方法来评估自然资源生态环境绩效。一般的自然资源生态绩效评估方法包括评审、验证、重新计算、面询、观察、分析化合物、信函、抽样调查和分析、文档检查、调查等；独特的自然资源生态绩效评估的方法需要使用其他专业技术来分析，包括：环境成本效益分析、环境经济评估、比较分析、计量经济学和决策分析、环境优势模型、因子分析、层次分析法过程分析等；数据分析方法包括：数据包络分析、神经网络分析、自然资源生态环境绩效指数法、生态跟踪方法、环境优点模型等。本书使用的是自然资源生态环境绩效指标研究方法，其原理是合理的。在该方法的运用中，先找出数据，选择适当的指标并形成指标体系。

5.5.1　评估方法的选取及模型构建

根据我国现有的评估方法，从科学和方便的角度来考虑，在数据分析中选择自然资源生态绩效指数方法（REPI）。本书借鉴了中国科学院可持续发展研究小组提出的资源绩效指标作为评估模型。公式是：

$$REPI_j = \frac{1}{n}\sum_{i}^{n} W_i \frac{X_{ij}/X_{io}}{g_j/G_o}$$

其中，$REPI_j$ 表示该区域的综合性能指标，W_i 表示第 i 个评估指标的权重，X_{ij}表示第 j 个区域的第 i 个指标值，X_{i0}表示该省的指标值，g_j 代表每个地区的第 j 个 GDP，G_o 代表新疆的 GDP。

（1）评估指标选取。从相关性和透明性两个原则出发，由相关指标观察到相应的环境问题，必须与国家的各种情况，包括多种地理条件、气候条件和经济条件相符合。自然资源生态绩效评估的主要相关因素是资源投入，环境污染情况与各种产出之间的相关关系。透明性指标必须提供明确而基本的评估标准，可以追踪观察随着时间发生的变化，并确保数据源和方法的透明和公开。因此，本书选取了以下主要指标：农业用地面积，建设用地面积，水资源总量，农业用水，工业用水，生活用水，农作物种植面积，农作物产品产量，水产品养殖面积，水产品的产量，化肥的施用量，环境污染治理的投资，人均水资源，年降水量，灌溉面积，化学需氧量排放，废水排放，烟尘排放，氨氮排放量，二氧化硫排放量，森林资源，造林面积，森林病虫害防治面积，如表 5－16 所示。

表 5－16　指标选取

指标＼年份	2017	2016	2015	2014	2013	2012	+/－
农业用地面积	6308.48	6308.48	6308.48	6308.48	6308.48	6308.48	负
建设用地面积	123.98	123.98	123.98	123.98	123.98	123.98	负
农业用水量	514.36	546.43	577.17	550.99	557.71	521.36	负
工业用水量	13.94	12.81	12.81	14.4	13.81	13.24	负
化学需氧量排放量	11.61	14.73	66.02	67.02	67.23	67.92	负
废水排放量	7.93	7.49	9.99	10.27	10.07	9.37	负
烟尘排放量	45.09	40.39	59.75	67.6	75.59	69.61	负
氨氮排放量	1.68	2.1	4.56	4.59	4.65	4.73	负
二氧化硫排放量	34.12	38.37	77.82	85.3	82.94	79.61	负
水资源总量	1013.07	1038.87	930.4	726.93	956.07	903.2	正
生活用水量	11.82	2.14	10.02	1.88	9.14	2.66	正
农作物播种面积	6062.07	6217.27	6126.06	5994.47	5121.26	5136.74	正
农作物产品产量	1426.61	1490.34	1501.3	1390.81	1360.83	1259.83	正
水产品养殖面积	90151	75120	72690	72407	70707	71108	正
水产品产量	165447	161601	151361	144007	131704	125283	正

续表

指标 \ 年份	2017	2016	2015	2014	2013	2012	+/-
环境污染治理	200.9	249.37	211.87	363.32	281.15	237.09	正
人均水资源	4144	4558	3943	3130	4223	4141	正
年均降水	163.3	219.6	195.3	146.4	176.8	185.7	正
灌溉面积	4969.08	4939.56	4910.23	4857.66	4792.83	4685.31	正
林木资源	40134	39222	33654	32894	32654	31679	正
造林总面积	255279	216363	230720	135986	147357	187321	正
森林病虫害防治面积	1364728	977801	1189353	625803	537534	539040	正

（2）数据来源。数据来源为 2013～2018 年《新疆统计年鉴》及各地级市统计年鉴，首先使用 MATLAB 进行数据整理和计算，得到权重，根据计算出的权重和自然资源绩效评估模型公式计算 REPI 指标，最后使用 GeoDa 用于空间相关，进行分析和得出结论。出于稳健性考虑，权重由熵权法和 CRITIC 方法来计算。熵权法在计算权重时需要数据的归一化和标准化。

5.5.2 熵权法及赋权步骤

本书为了消除人为主观赋权重的弊端，采用熵权法确定客观权重。总的来说，如果指标的信息熵 Ej 越小，则表明该指标的变异性越大，该指标所提供的信息量越多，则其在评估指标体系中可以发挥的作用越大，权重就应该越大。相反，指标的信息熵越大，指标的变化程度越小，其给出的信息越少，综合评估中的贡献越小，指标体系中所占权重应越小。

（1）数据标准化。将标准化处理用于各个指标的数据。假设给定了 k

个指标 X_1，X_2，…，X_k，其中 $X_i=\{x_1, x_2, \cdots, x_n\}$。假设对各指标数据标准化后的值为 Y_1，Y_2，…，Y_k，那么：

$$Y_{ij}=\frac{X_{ij}-\min(x_i)}{\max(x_i)-\min(x_i)}$$

$$P_{ij}=Y_{ij}/\sum_{i=n}^{n}Y_{ij}$$

（2）计算各指标的熵值。根据信息论中信息熵的定义，一组数据的信息熵：

$$E_j=-\ln(n)-1\sum_{i=n}^{n}p_{ij}\ln p_{ij}$$

其中，如果 $P_{ij}=0$，则定义：$\lim p_{ij}\ln p_{ij}=0$。

（3）确定各指标权重。根据信息熵的计算公式，计算出各个指标的信息熵为 E_1，E_2，…，E_k。通过信息熵计算各指标的权重：

$$W_i=\frac{1-E_i}{k-\sum E_i}, i=1, 2, \cdots, k$$

5.5.3 CRITIC 方法

CRITIC 方法是由 Diakoulaki 提出的一种客观加权方法。指标的客观权重是根据两个基本概念为其基本思想来明确。一是对比强度，它表示同一指标以标准差的形式，进一步表示出每个评估方案的价值差异。也就是说，标准化差异的大小表示的是同一指标内每个方案的值的差异。标准偏差越大，每个方案的价值差异越大。二是评估指标之间的冲突。例如，两个指标之间存在强烈的正相关关系，表明这两个指标的冲突较小。第 j 个指标和其他指标的相互矛盾的量化指标是：$(1-r_{tj})$，其中 r_{tj} 为评估指标 t 和 j 之间的相关系数。

冲突性量化指标为：$\sum_{t=1}^{n}(1-r_{tj})$，其中 r_{tj} 为评估指标 t 和 j 之间的相关系数。设 C_j 表示第 j 个评估指标所包含的信息量，则 C_j 可以表示为：

$$C_j = \delta i \sum_{t=1}^{n}(1-r_{tj}),\ t=1,\ 2,\ \cdots,\ m$$

其中，C_j 越大，表明对第 j 个评估指数中包含的信息量，以及更大指数相对重要性。因此，第 j 个指标的目标重量 W_j 为：

$$W_j = C_j / \sum_{j=1}^{m} C_j,\ j=1,\ 2,\ \cdots,\ j$$

表5－17　指标权重设置

指标	符号	熵权法权重	Critic法
农业用地面积	X1	0.0387	0.0807
建设用地面积	X2	0.0306	0.0861
农业用水量	X3	0.0255	0.0468
工业用水量	X4	0.0265	0.0495
化学需氧量排放量	X5	0.0874	0.0401
废水排放量	X6	0.05	0.0356
烟尘排放量	X7	0.0349	0.0334
氨氮排放量	X8	0.0771	0.0379
二氧化硫排放量	X9	0.0604	0.0365
水资源总量	X10	0.0187	0.0309
生活用水量	X11	0.0511	0.0554
农作物播种面积	X12	0.1298	0.0654
农作物产品产量	X13	0.0214	0.0396
水产品养殖面积	X14	0.0762	0.0365
水产品产量	X15	0.0288	0.0357
环境污染治理投资	X16	0.0431	0.0707
人均水资源	X17	0.0183	0.0334
年均降水	X18	0.0262	0.0396

续表

指标	符号	熵权法权重	Critic 法
灌溉面积	X19	0.0212	0.0358
林木资源	X20	0.0474	0.0349
造林总面积	X21	0.0321	0.0354
森林病虫害防治面积	X22	0.0538	0.0398

线性指数越高，说明环境较好，表 5－18 中的线性指数从 2012～2017 年逐步往上升，同时可以反映出生态环境在逐渐变好，生态文明建设取得良好的成效，自然资源生态环境绩效处于理想状态。

表 5－18　标准化处理

年份	熵权线性指数	critic 指数
2017	0.6951	0.5982
2016	0.5922	0.5798
2015	0.3148	0.4059
2014	0.1699	0.2816
2013	0.3399	0.4218
2012	0.2071	0.3644

5.5.4　数据分析与 REPI 计算

2017 年新疆 14 个地州市 GDP 总量和工业用水量情况如图 5－4 所示。

从图 5－4 中，可以直观地看出 14 个地州的 GDP 排名，反映出乌鲁木齐市作为省会城市的重要性，同时也可以看出地区之间发展不均衡，差异较大，乌鲁木齐市的 GDP 是博尔塔拉蒙古自治州、阿尔泰地区、和田地区、克孜勒苏柯尔克孜自治州 GDP 的 9 倍，尤其是克孜勒苏柯尔克孜自治州的 GDP 排名最后。同时，发展不平衡和贫富差距也是自然资源环境绩效影响的原因。然而，GDP 与资源投入和造成的环境污染并不是简简单单的正负相关联关系，单一变量并不能直接反映出对自然资源生态环境绩效产生影响。以工业用水量为例，昌吉回族自治州、喀什地区和巴音郭楞蒙古自治州的 GDP 高，工业用水量分别排名第三、第十和第二。但是各市 2017 年与 2016 年工业发展不一样，工业用水量也大不相同。由以上分析可以得出，每个地方的 GDP 和资源投入并不仅是简单的相关性，也就是说，新疆每个地州的环境绩效不同。新疆各个地州的资源环境绩效水平通过资源环境综合绩效指数来反映。

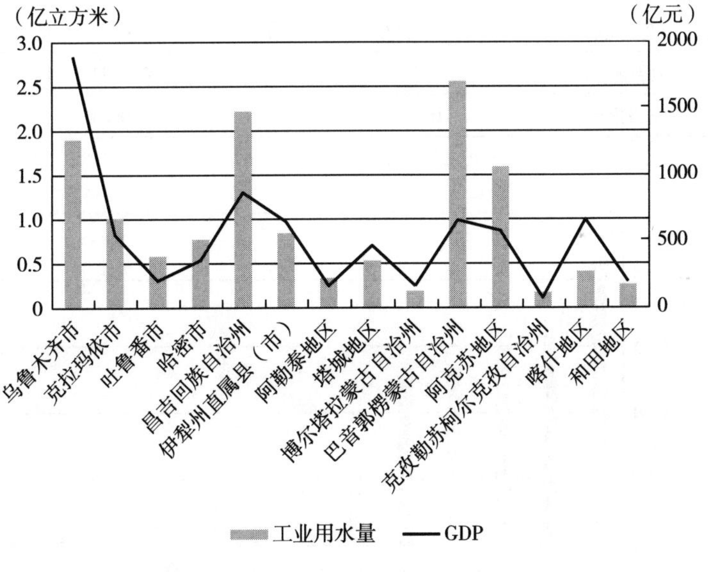

图 5-4 14 地州市的 GDP 和工业用水总量

对 2017 年新疆 14 个地市级的自然资源生态环境绩效分别采用两种赋权方法，分别是熵权法和 CRITIC 来进行计算得出 REPI 值及排名，如表 5-19 所示。

表 5 – 19　地区权重设置

地区	熵权法	地区	CRITIC	地区
克孜勒苏柯尔克孜自治州	0.2145	1	0.3534	1
巴音郭楞蒙古自治州	0.1579	2	0.2609	2
乌鲁木齐市	0.1489	3	0.2321	3
伊犁州直属县（市）	0.1329	4	0.2196	4
昌吉回族自治州区	0.1282	5	0.1005	5
阿克苏地区	0.0608	6	0.0722	6
喀什地区	0.0437	7	0.0521	7
博尔塔拉蒙古自治州	0.0315	8	0.0491	8
哈密市	0.0297	9	0.0467	9
塔城地区	0.0253	10	0.0418	10
和田地区	0.0013	11	0.0146	11
吐鲁番市	0.0086	12	0.0143	12
阿勒泰地区	0.0079	13	0.0131	13
克拉玛依市	0.0002	14	0.0004	14

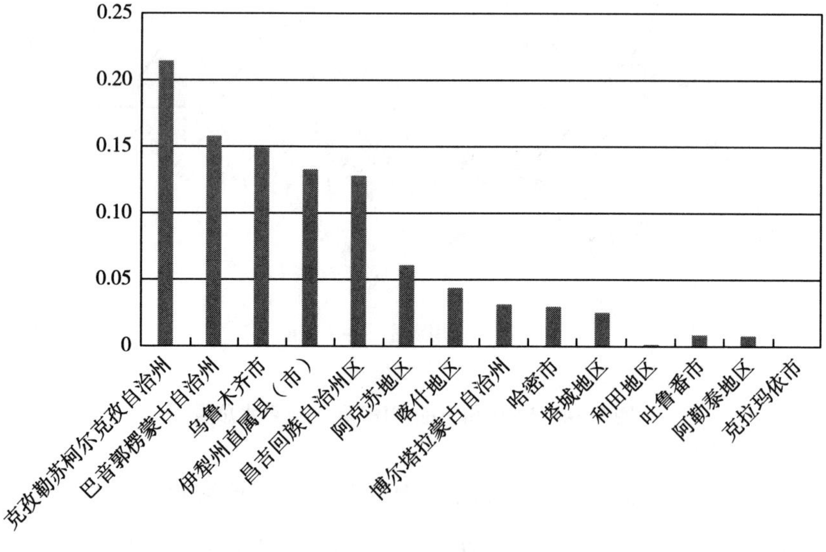

图 5 – 5　2017 年 REPI 指数

从表5－19可以看出，通过不同的赋权重的方法得出的权重略有不同但不显著，因此，本书分析采用熵值法赋指标权重计算得出REPI值。综合表5－19和图5－5可以看出，GDP和REPI差异最大的城市是克孜勒苏柯尔克孜自治州和乌鲁木齐市，克孜勒苏柯尔克孜自治州的GDP最低，而自然资源环境绩效指数却是最大的，乌鲁木齐市的GDP是最高的，而它的环境绩效指数只排名第三，乌鲁木齐之所以会出现那么大的差距主要原因可能是工业发达，资源投入较多，造成的环境污染较严重，加之人口众多，而自然资源的拥有量在细化以后比较小，不能与较快的发展速度相适应。克孜勒苏柯尔克孜自治州有更高的自然资源环境绩效指数，可能受其独特的地理优势、资源和环境禀赋的影响，克拉玛依的自然资源生态环境绩效表现相对较差，与其地理位置有一定关系。应促成优势地区帮助劣势地区，促进西北和中部地域和谐发展。此外，巴音郭楞蒙古自治州的自然资源生态环境绩效表现也较高，而毗邻的阿克苏地区、吐鲁番市和哈密市的生态绩效表现相对较低。由此可以看出，巴音郭楞蒙古自治州并未在周边城市起到良好促进作用，甚至可能对周边城市的自然资源和环境绩效产生不利影响。

5.5.5 分地区描述性统计

根据新疆的地理环境特征，我们以天山为分界线，可以将新疆划分为三个主要区域，分别是天山南部的新疆南部区域、天山北部的新疆北部区域以及天山附近的东部新疆区域。南疆区域包含了和田地区、喀什地区、巴音郭楞蒙古自治州、克孜勒苏柯尔克孜自治州和阿克苏地区，新疆北部区域包含了乌鲁木齐市、伊犁州直属县（市）、克拉玛依市、塔城地区、阿尔泰地区、博尔塔拉蒙古自治州和昌吉回族自治州，东疆区域仅包含了吐鲁番市和哈密市。由于各地区的地理位置优势和经济发展速度的不同，自然资源生态环境禀赋差异很大。考虑到各地区自然资源生态绩效的不同，用描述性统计对每个指示数据进行分析。统计结果所要表明的是，表5－20中显示的得分越高，该得分代表最终对自然资源生态环境绩效指数的贡献越高。

表5－20　三地区描述性统计

	北疆地区			南疆地区			东疆地区		
	最大值	均值	最小值	最大值	均值	最小值	最大值	均值	最小值
水资源总量	0.2154	0.0865	0.0284	0.1585	0.0449	0.0013	0.0089	0.0084	0.008
生活用水量	0.2064	0.0886	0.039	0.1304	0.074	0.044	0.0674	0.0582	0.0489
农作物播种面积	0.3883	0.3014	0.1478	0.3658	0.1636	0.0047	0.0629	0.0574	0.052
农作物产品产量	0.0927	0.0655	0.0138	0.0834	0.0358	0.0007	0.0056	0.0037	0.0017
水产品养殖面积	0.1503	0.0411	0.0126	0.274	0.0637	0.0015	0.0208	0.0112	0.0015
水产品产量	0.0579	0.0358	0.0158	0.1589	0.0467	0.0041	0.0071	0.0056	0.0041
人均水资源	0.8435	0.5454	0.1454	0.4962	0.1594	0.014	0.3778	0.3383	0.2989
造林总面积	0.1351	0.1101	0.0559	0.0909	0.05	0.0013	0.0626	0.0372	0.0117
森林病虫害防治面积	0.2607	0.1709	0.0341	0.1908	0.0601	0.0032	0.0222	0.0176	0.0129
农业用地面积	0.094	0.0809	0.0459	0.1254	0.064	0.0035	0.0236	0.0233	0.023

从上述描述性统计数据可以看出，新疆北部区域的结果最好，每个指标的最大值都集中在一起。新疆东部区域的结果最差，指标最低值集中在新疆东部区域。由表5－20可以看出，东疆的农业用地指标较为薄弱，最大值仅为0.0236，主要原因依赖于环境，比如东疆中的吐鲁番，四面环山，是比较典型的大陆暖温带沙漠气候，阳光充足，热量充沛但极其干燥，雨量稀少，风力频繁。夏季极端高气温为49.6℃，地表温度多在70℃

以上，植被稀缺，降雨稀少。然而，新疆北部地域的人均水资源最多，平均为0.5454，但最小值为0.1454，最大值为0.8435，差异很大，原因可能是其独特的区位优势。阿勒泰位于新疆北部地域，人均水资源拥有量最多，达到每人19082立方米，超过新疆人均水资源量。由自然资源生态绩效排序可知，北疆区域优于南疆区域，南疆区域优于东疆区域。

5.5.6　空间关联性分析

将 GeoDa 软件用于探索 REPI 值的空间权重，空间权重矩阵由距离权重法计算得出。在测试之后，Euclidean 距离阈值被设置为 2，并且相应地计算全局相关性指数 Moran's I 和局部空间相关性指数（LISA），空间关联分析如图 5－6 所示。

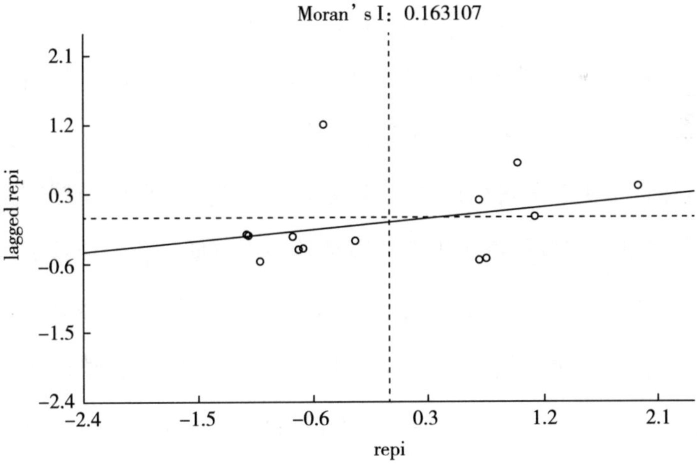

图 5－6　空间分析关联散点图

通过软件计算，可以得出 Euclidean 距离阈值被设置为 2，自然资源生态环境绩效的空间相关性 Moran's I 表现为 0.1631，并且在 0.05 的水平上显著。相关指数大于 0，表明存在正相关关系，即新疆对自然资源的生态性能有积极影响。喀什地区、塔城地区、克拉玛依市和阿克苏地区的局部空间相关指数在显著水平为 0.05 上通过检验，为周围环境高度集中区域。巴音郭楞蒙古自治州、昌吉回族自治州地区 REPI 较高，周边地区也高，表现出高特征；吐鲁番市、伊犁州直属县（市）具有较高的 REPI 值，周边区域的 REPI 值较低，即存在负溢出效应。阿勒泰地区、博尔塔拉蒙古自治州、哈密市、吐鲁番市、塔城地区、克拉玛依市、阿克苏地区体现了低值被低值包围的性质，表明存在周边地区的低值累积现象。

5.5.7 结论

通过对自然资源生态环境绩效和空间相关性分析的评估，2017 年新疆自然资源生态环境绩效较高的地区集中在新疆北部区域。新疆北部区域自然资源和地理位置相对优越，对外开放程度较高，经济发展较快。然而，新疆北部区域的克拉玛依市、阿勒泰和博尔塔拉蒙古自治州没有促进周边城市的自然资源生态环境的改善。克孜勒苏柯尔克孜自治州周围是具有高 REPI 值的城市，其自然资源生态环境绩效表现较低。我们应该促进和田地区、克拉玛依市、吐鲁番市等地的生态环境改善，提升北疆对周边地区的优势。形成积极的漫溢效应，对周边城市起到促进作用和整体改善是政府部门未来工作的重心。新疆南部区域的巴音郭楞蒙古自治州在自然资源生态环境方面表现相对较好，但其周围城市的自然资源生态环境绩效表现相对较低，尤其是距离巴音郭楞蒙古自治州最近的阿克苏地区。

综上所述，新疆的生态绩效表现大致可分为三个部分。第一部分的新疆北部区域其自然资源生态环境绩效较高，对提高周边城市的驱动效应、促进整体改善具有重要意义。乌鲁木齐作为新疆的首府城市，在自然资源生态环境绩效方面表现较好，经济发展速度较快。第二部分是新疆南部区域周边城市。巴音郭楞蒙古自治州的自然资源生态环境绩效较好，而周围相对较差，这表明影响周边城市的因素可能是巴音郭楞蒙古自治州的发展带来负面的溢出导致的。因此，着重监测资源环境的绩效表现是重点城市经济圈建设的重要手段，进一步实现监督和控制，在监督前后确保先污染、后治理的模式禁止出现，加大惩治力度。第三部分是东疆区域，资源合理配置和环境保护问题是重点要解决的问题，加强治理和监督要根据自身禀赋的实际情况来进行，并进行治理模式学习。除了上述问题外，还需要充分利用风能、太阳能等清洁能源，结合各地区的不同地理环境特点，完善现代能源系统的推广项目。积极开展生态文明示范区建设，发挥示范作用，并进一步推进阿克苏地区、克拉玛依市、喀什地区、吐鲁番地区、哈密市等资源型城市未来的转型，加强对新疆南部区域戈壁滩、沙漠和沙尘暴的治理，改善全区的土地业绩和水环境管理。

5.5.8 政策启示

根据以上的分析结果，在“一带一路”倡议下，以提升生态绩效为出发点，围绕生态文明建设总目标，针对新疆的三部分地区不同点，因地制宜，分别提出以下政策启示：

(1) 南疆地区。从政策入手，因地制宜。南疆是新疆的能源大本营和粮食产区，矿产资源丰富，但呈现出低价值的积累现象，主要原因是产业结构水平低，开放程度低，生态效益不高。为了提高该地区的生态水平，开发南部地区的区域集聚效应，必须从政策出发，适应当地条件。以新疆焉耆盆地为例，由于降水稀少，空气炎热干燥，热量充沛，该地区属典型的中温带沙漠气候。2000 年以来，焉耆盆地沙砾沙漠、戈壁沙漠地区建设了 1 万多亩生态林，是新疆林业科学院与河津县和和硕县林业局合作并整合相关科技得到的成果，并大力推进沙漠地区高标准防护林体系示范，高标准滴灌和节水，高标准林果建设模式和绿化管理技术。为新疆沙漠区域的转型提供参考，以实现生态和经济效益的“双赢”局面。

（2）北疆地区。第一，积极开展生态文明示范区建设，发挥示范作用。以新疆昌吉为例，资源和环境的表现相对较高，但周边城市的自然资源生态环境效率表现并不理想。如何建立高质量的经济圈，我们还要从资源和环境的方面来考量，只有不断加强改进本省份经济圈的发展方式，才能让本省份的地位得到提升。它反映了作为省会级城市的正溢出作用，带动了乌鲁木齐周边城市的经济发展与生态环境相适应。

第二，需要政府的强制手段。由于重工业主要集中于北疆地区，工业发达，污染物排放比较严重，特别是乌鲁木齐市和石河子市，属于典型的雾霭城市，政府应加大监管力度，严抓严打废水废气不合标的排放，督促工厂完善或重建废水废气的处理，加强生态绩效审计，把地方当局的生态绩效作为评估地方政府职能的指标之一。

（3）东疆地区。贯彻落实“环保优先，生态立区”的发展原则。以减少病虫害和风沙灾害对农民造成的损失为原则，在农田园周围种植大量生态林和经济林，使农田生态环境得到有效恢复的基础上加大生态经济发展的力度。不但增加了农民副业的收入，而且进一步获得了良好的社会效益和经济效益，得到农民和社会的认可，增强幸福感。

从新疆整体的自然资源生态绩效来说，我们提出以下主要建议：

第一，改变传统固有的旧观念。从现在来看，自然资源生态绩效评估在中国很多人并不熟悉，这种现状导致了人为地降低了环境破坏的成本，从而阻碍了生态文明建设。一定程度上，通过国家出台有关政策的积极引导和宣传，政府带头，学校老师传授，最后取决于社会公民自身的提升，提升生态环境在社会中的重要性，增加破坏生态的隐性成本和显性成本。在全面深化改革的当下，转换发展动能、从供给侧入手鼓励技术创新、人才创新等。

第二，加强自然资源生态绩效评估技术创新。目前，自然生态绩效评估尚未形成统一的指标体系和技术标准，评估人员和组织相对散落，这不利于经济发展。应成立正规的评估机构，培养专业评估人才队伍和形成专业评估程序，开展自然资源环境核算和审计研究，为规范和提高自然资源生态绩效提供理论依据。同时，在探索绩效评估技术的基础上应结合计量经济学和统计学，以便得出更加健全的评估技术。

第三，依靠供给侧结构性改革。利用市场机制，通过权利、责任、利益和风险的结合，为市场带来环境保护，依靠价格自动调整市场供需。它可以有效地指导土地、资金和技术的合理流动，从而引导当前市场的资源配置功能。对于微观市场行为的外部性，在使用行政和法律制衡来弥补时，我们必须依靠市场活力来治理。将市场价格机制和竞争机制引入环境保护领域，包括资源级价格发展、绿色产品市场、环保产品和技术市场的实施；利用价格杠杆推动环保产业、再生资源产业、旅游业和林业产业化；组建环保工程承包公司，开展环保项目招标投标制度。有必要筹备建立一个环境资源市场。例如，我们可以借鉴上海等地的经验，逐步建立排污权交易，实施排污权交易，将环境资源商品化，环境管理推向市场。

第6章　新疆生态绩效与资源环境承载力的耦合协调度分析

自然资本、人力资本和社会资本是一个地区或国家发展的三大资本。自然资本包含土地、光照、空气水分和各种能源，它直接影响着一个地区的生产力水平，如我国大部分沿海地区的生产力水平，由于自然资本的缺乏而制约着当地经济的可持续发展。新疆由于地理位置特殊和人文环境复杂，在人力资本和社会资本上不具有优势，新疆基于得天独厚的自然资本，自"一带一路"倡议实施以来，抓住了区位优势，经济发展、生态文明建设、基建投资等取得了显著成效，但相比其他省份新疆发展缓慢，对占有优势的自然资本投资利用明显不足，各大旅游胜地没有配套相应的交通和旅游服务产业链，有色金属和石油化工工业资源消耗量大、产业链短、附加值不高，同时还造成了环境污染，严重阻碍了新疆经济社会的可持续发展，发展迅速的新能源电力工业及其他能源产业，都出现了严重的产能过剩问题。如何高效利用自然资本去发展经济，提高区域经济的健康和可持续发展，深入了解该地区自身的生态绩效和资源环境承载能力，因地制宜是根本。

本书以期通过对新疆各地州市的生态绩效与资源环境状承载力的大

小、差异的研究，为政府及其他社会组织对新疆生态资源开发、科学管理、生态文明建设规划提供参考依据。生态绩效是经济价值与环境影响的比值，涵括了资源节约和环境友好两种理念。生态绩效评估可以综合考虑区域经济效益和生态效益，是定量化社会、生态、经济永续发展的可靠指标。

资源环境承载能力是指区域资源满足今世后代可持续发展需要的能力，是指区域系统在人口和各类人为废弃物不超过环境最大容量的条件下，承受各种人类社会经济活动的能力。它可以用来衡量一个地区的经济和社会可持续发展水平。国内学者就有关生态承载力方面的理论基础、指标体系构建、研究方法的选择、实证分析等方面进行了大量的研究工作，为土地规划利用、水资源可持续利用、区域协调发展提供了理论依据，推动了城市化发展，优化了城市人口结构、资源配置。

有学者将生态绩效与资源环境承载能力相结合，进行生态环境综合指标分析、耦合协调分析、空间自相关分析，综合评估区域经济发展、资源利用和环境保护。然而，在这个阶段，关于新疆这方面的研究很少。鉴于此，本书在简单分析新疆近几年生态环境变化情况的基础上，根据新疆统计年鉴选取了 14 个地州市：克拉玛依市、吐鲁番市、乌鲁木齐市、哈密市、伊犁州直属县（市）、阿克苏地区、喀什地区、和田地区、塔城地区、阿勒泰地区、昌吉回族自治州、博尔塔拉蒙古自治州、巴音郭楞蒙古自治州（以下简称巴州）、克孜勒苏柯尔克孜自治州（以下简称克州）。每个地区各选取了 9 个指标构建生态绩效评估指标体系和资源环境承载力指标评估体系，用耦合协调度模型链接生态绩效与资源环境承载力，使用区域总量、人均和相对指标，从纵向时间序列和横向空间差异方面对新疆区域可持续发展状况进行描述。

6.1 新疆生态与资源环境现状

6.1.1 生态资源分布概况

新疆属温带大陆性干旱气候，降水量少，蒸发快。过去三年的年平均降水量为192毫米，北疆年均降水量为280毫米，南疆为95毫米。新疆水资源总量居全国首位，但单位面积水量仅占全国平均水平的1/6。区域水资源分布极不均衡，局部水资源短缺和污染问题突出。

新疆能源丰富，天然气产量位居全国第三，矿产资源种类全，目前测出的有138种，其中有不少极具经济价值和发展前景的矿产，但是矿产分布不均衡，地质勘查技术水平较低，对脆弱生态环境影响较大。新疆土地资源丰富，农用地（耕地、园地、牧草地、林地）为6308.5万公顷，占全国农业用地总面积的1/10，但土地利用率只有38.64%。新疆土地盐碱化严重，其中塔里木盆地和吐鲁番盆地盐碱地的面积已经远远超过耕地面积。新疆又是中国沙漠化面积最大的省份，荒漠化面积约占新疆总面积的44%。新疆森林覆盖率仅为4.8%，是全国森林覆盖率水平的1/5，此外，森林主要分布在三山、两盆地和江河流域的边缘地带，是一种山地—绿洲—荒漠生态系统，比一般的干旱区生态系统更加脆弱、敏感。

6.1.2 资源消耗与环境污染概况

新疆近年年均水资源量是570亿立方米，南疆为340亿立方米，北疆为230亿立方米。人均降水量从2003~2017年呈现波动状态，但总的趋势仍在不断减少；新疆耕地面积数据自 2008 年起一直未曾更新，但土地资源消耗（建设用地、水土流失、荒漠化等）一直在增加，虽然南疆一直在开垦荒地，但由于荒地基本上都是盐碱地，经营者又只重视灌溉设施的投入，忽略排水工程建设，不但浪费大量水资源，而且导致耕地盐碱化加重，所以人均耕地面积仍在不断减少。

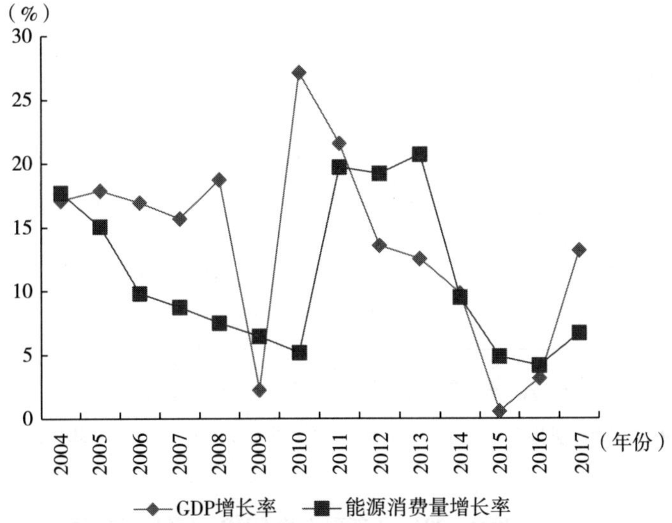

图 6－1　2004～2017 年新疆 GDP—能源消费增长率

通过新疆数据统计发现，新疆生产总值从 2003 年的 1886 亿元增长到 2017 年的 10882 亿元，增加了 4 倍。由图 6－1 可知，新疆 GDP 增长率在 2004～2008 年为 17% 左右，能源消费增长率从 18% 降低到 6%，2009 年 GDP 增长率急剧降低到 2%，从图 6－1 中可看出，为了提高 GDP 增长率，2011 年新疆能源消费增长率骤增到 20%，表明新疆经济快速恢复与发展完全是建立在大量资源消耗的基础上。随着节能减排，大力发展绿色清洁能源计划后，新疆能源消费增长率降低，并呈现波动相对稳定状态，经济发展开始向资源节约型方向发展。但新疆的绿色清洁能源消费占比仍远低于煤炭，产能过剩还需扩展消费渠道，深入供给侧端的改革。

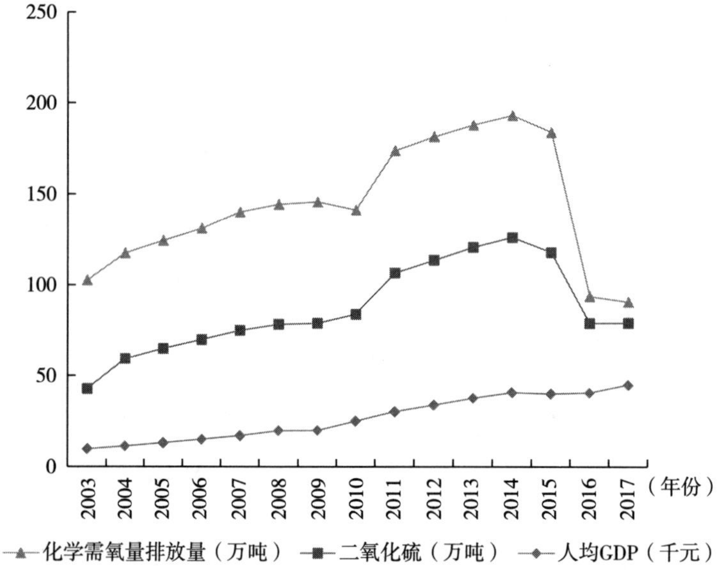

图 6－2　2003～2017 年新疆人均 GDP—环境污染指标

由图 6－2 看出，新疆从 2003～2017 年的人均 GDP 呈现稳步增长态势，二氧化硫（大气污染物）和化学需氧量（水污染指数）的排放量在 2003～2015 年一直增长，可看出新疆在此期间的经济增长一直是以牺牲环境为代价的。2016 年二氧化硫和化学需氧量排放量急剧减少，说明政府和企业都开始完善并严格执行“三废”排放标准制度，新疆才开始向环境友好型省份转型。2017 年新疆的“三废”排放量显著降低，相比 2015 年废水排放量减少了 2 亿吨，二氧化硫排放量减少了 50 万吨，化学需氧量排放量减少了 44 万吨，烟尘排放量减少了 14 万吨，城市环境质量较往年好转了很多，河流、集中式饮用水水源地水质总体转优。但是如固体废物利用率、城市绿化覆盖率仍不足，湖库水质仍为轻度污染，新疆环境保护与治理投入不够，且南北疆之间自然资本合理开发利用度和环境污染治理等差距较大，经济发展严重不平衡。

6.2　评估指标体系构建

6.2.1　生态绩效评估指标体系

本书在评估新疆生态绩效方面，参照已有的研究，将评估指标划分为投入和产出两大类，分别从资源消耗和环境污染各选取了 4 个指标作为投入，将新疆 GDP 作为产出指标，如表 6－1 所示。

表 6－1　新疆各地州市生态绩效评估指标体系

一级指标	二级指标	三级指标	指标含义	单位
投入指标	资源消耗	能源消费量	区域能源消费总量	万吨标准煤
		电力消耗量	区域全年用电总量	亿千瓦时
		水资源消耗量	区域全社会用水总量	亿立方米
		土地资源消耗量	土地调查面积中区域建设用地	万公顷
	环境污染	废水排放量	区域全社会废水排放总量	万吨
		化学需氧量排放量	水污染指数	万吨
		二氧化硫排放量	排入大气中的二氧化硫总质量	万吨
		烟尘排放量	烟尘和工业粉尘排放质量总和	万吨
		固体废弃物产生量	一般工业固体废弃物产生量	万吨
产出指标	经济效益	经济发展总量	地区生产总值	亿元

6.2.2　资源环境承载力评估指标体系

目前国内最常见的计算资源环境承载力的方法有生态足迹法、能值分析法。还有就是模糊综合评估法、TOPSIS 法、灰色预测法、主成分分析法、相对资源测度法等。本书考虑到自身能力有限以及所得数据的有限性，选择了基于熵权法的 TOPSIS 法来评估新疆各地州市资源环境承载力的大小，如表 6－2 所示，有 3 个子系统共 9 个指标，其中有两个指标与表 6－1 中的相同。

表 6－2　新疆各地州市资源环境承载力评估指标体系

一级指标	二级指标	三级指标	指标性质	单位
区域资源环境承载力系统	资源承载力子系统	能源消费量	逆向	万吨标准煤
		人口密度	逆向	人/平方千米
		人均水资源量	正向	人/立方米
		人均耕地面积	正向	人/亩
	环境承载力子系统	废水排放量	逆向	万吨
		二氧化硫排放量	逆向	万吨
		工业固体废综合利用率	正向	%
		建成区绿化覆盖率	正向	%
	经济承载力子系统	人均 GDP	正向	元

6.2.3　数据来源

本书的指标数据来源于历年《中国统计年鉴》《中国环境统计年鉴》《新疆统计年鉴》《伊犁哈萨克自治州统计年鉴》《乌鲁木齐统计年鉴》，一些无法直接获取到的指标根据相关指标计算得到。笔者经过对各方面数据的收集整理，最终形成 3120 个极为丰富的面板数据。

6.3　研究方法

6.3.1　数据标准化

若区域资源环境承载力有 i 项评估指标，j 个评估年份，则评估指标原始数据矩阵如下。

$$A = \begin{bmatrix} a_{11} & a_{12} & \cdots & a_{1j} \\ a_{21} & a_{22} & \cdots & a_{2j} \\ \vdots & \vdots & \ddots & \vdots \\ a_{i1} & a_{i2} & \cdots & a_{ij} \end{bmatrix} \tag{6-1}$$

第一步，对原始数据矩阵进行初步处理：$b_{ij} = \frac{a_{ij}}{\max(a_i)}$，其中$a_i$为矩阵中每行的最大值。

第二步，采用极差变换法对矩阵进行处理，得到处理后标准化矩阵：

正向（越大越好）指标的标准化：$C'_{ij} = \frac{b_{ij} - \min(b_{ij})}{\max(b_{ij}) - \min(b_{ij})}$；

逆向（越小越好）指标的标准化：$C'_{ij} = \frac{\max(b_{ij}) - b_{ij}}{\max(b_{ij}) - \min(b_{ij})}$。　　(6-2)

第三步，因为经过标准化处理的数据会有“0”值，为了避免后面求熵值时没有意义，所以将标准化处理后的数据整体往右平移一个单位，即$C_{ij} = C'_{ij} + 1$。

6.3.2 指标权重计算

本书将熵权法定权重，计算公式如下：

$$\begin{cases} f_{ij} = \dfrac{c_{ij}}{\sum\limits_{j=1}^{n} c_{ij}} \\ H_i = -\dfrac{1}{\ln n}\sum\limits_{j=1}^{n} f_{ij}\ln f_{ij} \\ w_i = \dfrac{1-H_i}{m-\sum\limits_{i=1}^{m} H_i} \end{cases} \tag{6-3}$$

其中，H_i表示第 i 项指标的熵；$\frac{1}{\ln n}$是波尔茨曼常量，n 为评估体系中的指标数量；w_i表示第 i 项指标的信息熵权重值。

6.3.3 TOPSIS 模型构建

TOPSIS 模型也被称作“逼近理想解排序方法”，它依据计算目标与正、负理想解的偏离和靠近度来研究目标区域的资源环境承载力及其变化趋势。

（1）基于熵权构建评估矩阵。为增强矩阵客观性，本书通过熵权重值 w_i创建加权规范化评估矩阵 K，相关计算过程如下：

$$K=\begin{bmatrix} k_{11} & k_{12} & \cdots & k_{1j} \\ k_{21} & k_{22} & \cdots & k_{2j} \\ \vdots & \vdots & \vdots & \vdots \\ k_{i1} & k_{m2} & \cdots & k_{ij} \end{bmatrix}=\begin{bmatrix} C_{11}\cdot W_1 & C_{12}\cdot W_2 & \cdots & C_{1j}\cdot W_1 \\ C_{21}\cdot W_2 & C_{22}\cdot W_2 & \cdots & C_{2j}\cdot W_2 \\ \vdots & \vdots & \vdots & \vdots \\ C_{i1}\cdot W_m & C_{i2}\cdot W_m & \cdots & C_{ij}\cdot W_m \end{bmatrix} \tag{6-4}$$

（2）确定正、负理想解。加权规范化评估矩阵 K 经过式（6－5）处理来确定正、负理想解，K^+表示第i个指标在j年内的最大值，称K^+是正理想解，即可选择的最理想方案；K^-表示第i个指标在j年内的最小值，K^-为负理想解，也就是最差方案。

$$\begin{cases} K^+ = \{\max\limits_{1 \leqslant i \leqslant m} k_{ij} \mid i = 1, 2, \cdots, m\} = \{k_1^+, k_2^+, \cdots, k_m^+\} \\ K^- = \{\max\limits_{1 \leqslant i \leqslant 1m} k_{ij} \mid i = 1, 2, \cdots, m\} = \{k_1^-, k_2^-, \cdots, k_m^-\} \end{cases} \quad (6-5)$$

（3）计算距离。关于距离的计算，本书选用的方法是欧式计算法。令L_i^+表示第i个指标和K^+的距离，L_i^-表示第i个指标和K^-的距离。方法见式（6-6）。

$$\begin{cases} L_i^+ = \sqrt{\sum\limits_{i=1}^{m} (K_i^+ - k_{ij})^2} \\ L_i^- = \sqrt{\sum\limits_{i=1}^{m} (K_i^- - k_{ij})^2} \end{cases} \quad (6-6)$$

（4）计算与理想解的贴近度。用R_i表示第j年资源环境承载力接近资源环境最优承载力的程度，其取值范围为［0，1］，越高越好。本书用R_i表示新疆各地州市的资源环境承载力水平。R_i的值越高承载力越好；R_i越低承载力越不好。计算方法见式（6-7）。结合已有划分标准和新疆实际情况进行资源环境承载力等级划分（见表6-3）。

$$R_i = \frac{L_i^-}{L_i^- + L_i^+} \quad (6-7)$$

表6-3　资源环境承载力等级划分

资源环境承载力 R_i	等级	资源环境承载力 R_i	等级
(0.00, 0.2]	严重超载	(0.40, 0.6]	适度承载
(0.20, 0.3]	超载	(0.60, 1]	高度承载
(0.30, 0.4]	临界		

6.4 耦合协调度模型构建

6.4.1 计算综合指数

设两个评估体系分别有 m 个和 n 个指标，x_i（$i=1, 2, \cdots, m$）和 y_j（$j=1, 2, \cdots, n$）分别为有两个指标评估体系的数据标准化值，w_i、w_j 分别为两个体系的权重，两个体系的综合指数计算如下：

$$\begin{cases} F(x) = \sum_{i=1}^{m} x_i w_i \\ F(y) = \sum_{j=1}^{n} x_{ij} w_j \end{cases} \tag{6-8}$$

6.4.2 建立耦合协调度模型

$$\begin{cases} T = \gamma F(x) + \delta F(y), \ \gamma + \delta = 1 \\ P = \left\{ \dfrac{F(x) \times F(y)}{[F(x) + F(y)/2]^2} \right\}^{\alpha} \\ Q(x, y) = \sqrt{T \times P} \end{cases} \tag{6-9}$$

其中，P 为耦合度；α 为调节系数，一般情况下 $2 \leqslant \alpha \leqslant 5$，本书取 $\alpha = 2$；T 为两个评估体系的综合评估指数；γ、δ 均为待定权数，由于本书的两个评估体系对新疆未来发展同等重要，因而取 $\gamma = \delta = 0.5$。Q 为耦合协调度。耦合度 P（$0 < P \leqslant 1$）越大，表示两系统越协调，$P = 1$ 表示两系统处于最佳协调状态。

6.4.3 耦合协调度类别

依据耦合协调度Q的值，参考现有划分标准，结合新疆各地州市生态与资源环境实际情况，划分新疆生态绩效与资源环境整体发展状况类别（见表6－4）。

表6－4 耦合协调度等级划分

耦合协调度Q	等级	耦合协调度	等级
0.00～0.39	濒临失调	0.60～0.69	中度协调
0.40～0.49	勉强协调	0.70～0.79	高度协调
0.50～0.59	低度协调	0.80～1	极度协调

6.5 结果与分析

6.5.1 资源环境承载力分析

运用熵权TOPSIS法计算新疆的资源环境承载力及其子系统承载力，如图6－3所示，然后计算南北疆地区资源承载力和环境承载力的均值，分析新疆资源、环境承载力的时空分异特征，如图6－4、图6－5所示。由于代表经济发展力的指标只有一个人均GDP，无法用TOPSIS模型计算，所以在图6－3、图6－4、图6－5中没有新疆经济发展力。

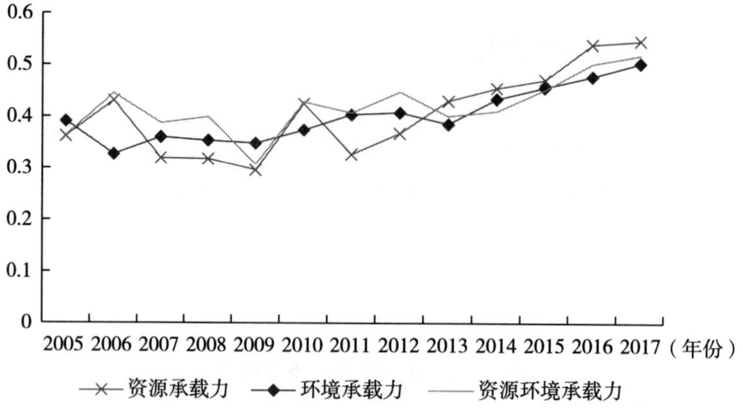

图6-3 2005~2017年新疆资源环境及其子系统承载力水平

由图6-3可知，新疆资源环境承载力、资源承载力、环境承载力在2005~2017年总体呈现出在曲折波动中不断上升的动态变化趋势。三个承载力的变化趋势大体相同，以资源环境承载力为代表进行分析，新疆资源环境承载力第一个波动期出现于2005~2013年，表现为在临界水平(0.30，0.4］上下波动的状态。在2009年和2013年出现低谷，分别为0.3和0.4，都处于临界阶段水平（0.30，0.4］，究其原因，主要是因为2008年、2009年经济生产总值相比前三年有了明显大幅度提升，同样，2013年相比前三年GDP有了明显提高，这其中资源对新疆经济发展的贡献最大，又由于"十一五"期间，新疆大部分矿产钢铁企业生产制造技术水平低，企业和政府都缺乏监督管理，造成了大量的资源浪费，同时对环境也产生了污染。"十二五"早期，"三废"排放量达到了高峰，给生态环境造成了巨大压力。

第二个波动期出现于2014~2017年，新疆资源承载力开始转变到适度承载（0.40，0.6］阶段，并呈现逐年增长态势，此时，注重资源环境保护，追求绿色经济、低碳生活，区域可持续发展的观念正在逐步建立。新疆各大工业制造厂增加了“三废”处理装备的投资，引进了先进环保技术设备，加强了“三废”排放监管惩治力度。开始新一轮的产业结构调整，大力发展现代化农业、第三产业和新兴工业以减缓用传统工业拉动国民经济增长的压力。

如图6-4所示，在时间序列上，南北疆资源承载力都呈现为先减小后增大特点，在2008年和2009年出现低谷，还有图6-5中南北疆的环境承载力也呈现出先减小后增大特点，在2014年出现低谷，原因与图6-4中新疆整体呈现两阶段波动状态的原因一样。

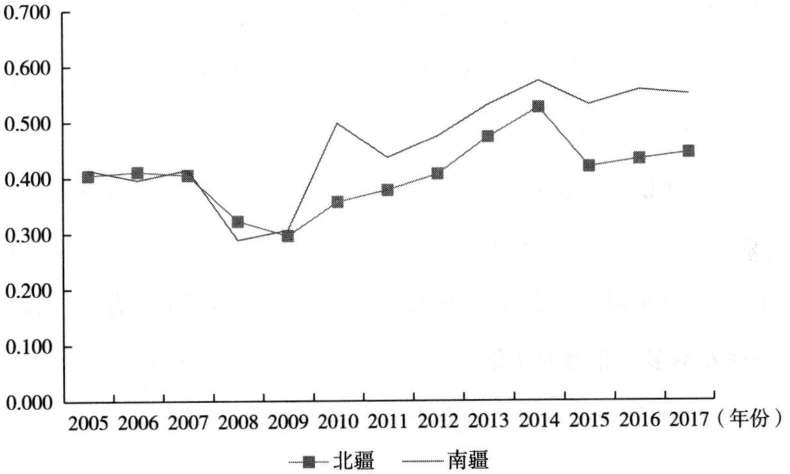

图6-4 资源承载力

根据所选的四个指标：逆向指标能源消费量和人口密度、正向指标人均水资源量和人均耕地面积计算出南北疆的资源承载力大小，其中逆向指标越小，正向指标越大，表明资源环境承载力越好。2005~2017年南疆资源承载力一直显著高于北疆。具体分析如下：

（1）乌鲁木齐市、克拉玛依市和昌吉州的能源消费一直位居前三名，远超其他州市，是克州、和田地区的100倍左右，总的来说北疆2005～2014年的能源消费量是南疆的5倍，2015～2017年突增到10倍。查阅《新疆统计年鉴》发现主要是阿克苏地区2015年年度节能减排取得巨大成功，能源消费量比前两年减少了大约1400万吨标准煤，能源消费量从2015年后一直保持在400万吨标准煤左右，使南疆能源消费量总量减少了一半。反观阿克苏地区生产总值在2016年就恢复到2014年的水平，2017年比2014年多了170亿元，从实践证明了生态环境也是生产力。

（2）乌鲁木齐的人口密度一直处在170人/平方千米左右，是整个新疆人口密度的10倍，其次是伊犁州直属县（市）、克拉玛依市和喀什地区，分别为50人/平方千米、33人/平方千米和30人/平方千米。总的来说北疆人口密度是南疆的2倍多。

（3）人均水资源量位居前三的是阿勒泰地区17000立方米/人、巴州10000立方米/人、克州13000立方米/人，处在末尾的是乌鲁木齐市500立方米/人、克拉玛依市200立方米/人、吐鲁番市1300立方米/人，总的来说南疆差不多是北疆的2倍。

（4）自2008年起人均耕地面积最多的一直是塔城地区9亩/人和昌吉州6.7亩/人，最少的是乌鲁木齐市0.556.7亩/人，新疆人均耕地面积为3.5亩/人，北疆是南疆的1.5倍。

由图6－5知，南北疆环境承载力在2005～2017年呈现几乎相同的变化趋势：先减小后增大再减小再增大，只是北疆比南疆早一年发生转折。北疆在2008年和2013年出现低谷，南疆在2009年和2014年出现低谷，主要归咎于新疆产业经济结构的调整。

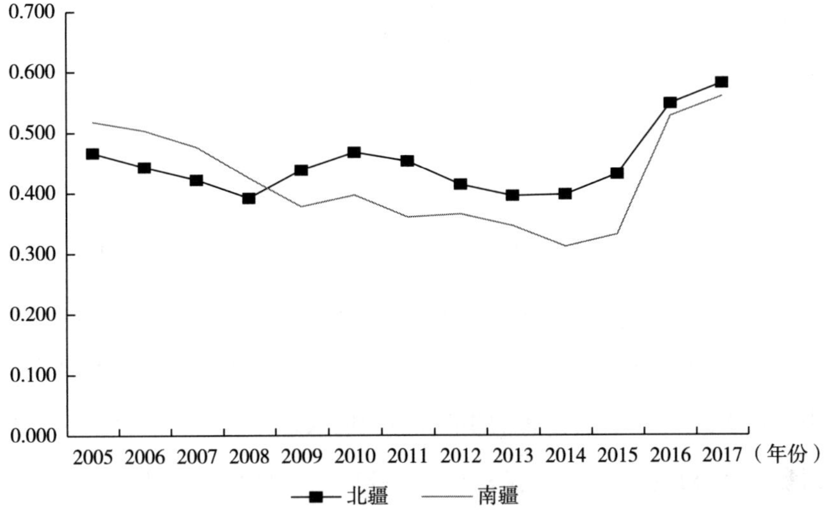

图 6 – 5　环境承载力

横向对比南北疆环境承载力，2005～2008 年北疆低于南疆，主要原因是在“十一五”期间，北疆工业“三废”排放量远高于南疆，污水排放量几乎是南疆的 3 倍，二氧化硫的排放量是南疆的 5 倍，烟尘排放量是南疆的 4.5 倍，固体废弃物排放量是南疆的 4 倍，还有固体废弃物综合利用率和建成区绿化覆盖率都低于南疆。2009 年后北疆一直高于南疆，主要是因为南疆生态系统远比北疆脆弱、敏感，虽然“十二五”后，南北疆都开始节能减排，加强工业排污排放监管，但南疆生态环境自我调节能力和恢复能力远小于北疆。还有近几年南疆人口增加量远多于北疆，相对生活废弃物排放量增多，南疆生态环境压力也相对增加了。

6.5.2　生态绩效—资源环境承载力耦合协调分析

资源环境承载力侧重于相对指标的变化和联系，为了更详细地展示新疆各个地方的差异变化特征，分别测算2005～2017年新疆14个地州市的生态绩效与经济发展力、资源环境承载力的耦合协调度，选取典型年份2005年、2011年和2017年的两个耦合协调度绘制统计图。

如图6－6所示，2005～2017年，新疆各地州市生态绩效—经济发展力（以下简称生态—经济）耦合协调度呈现逐年递增趋势，变化趋势较为稳定，2005年各地州市的耦合协调度大致在0.40～0.49，属于勉强协调状态；2011年各地州市的耦合协调度大致在0.45～0.6，属于勉强协调和低度协调状态；2017年各地州市的耦合协调度大致在0.55～0.65，属于低度协调和中度协调状态。这不仅表明生态绩效与区域社会经济发展是相互制约的，更是相互促进的，自2000年新疆经济开始高速发展以来，工业所占GDP比重逐年增大，资源消耗量大的重工业推动了区域生产力的发展，提高了人民物质生活水平。到了“十二五”期间，那些生态绩效极低的重工

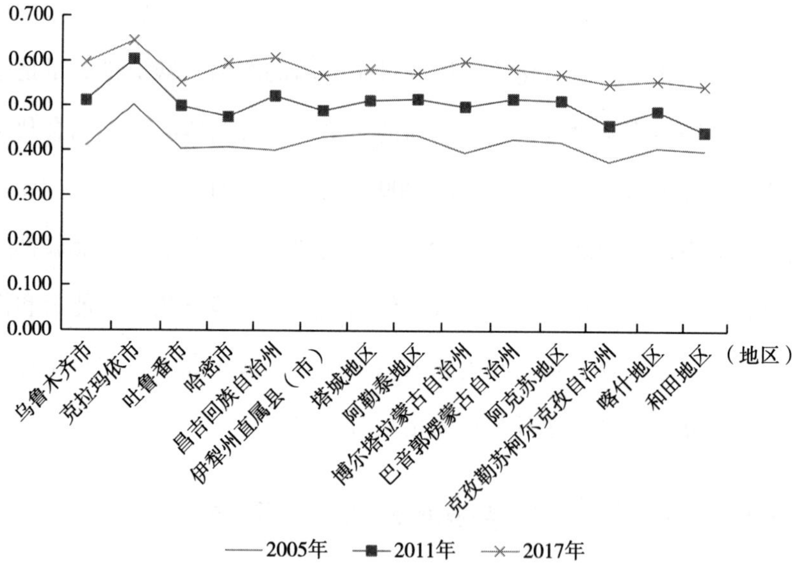

图6－6　生态绩效—经济发展力

业企业已经成了经济可持续发展的严重制约，政府取缔关闭落后产能、企业节能减排，退出关闭多处煤矿，进行环境污染治理，“十三五”时期大力发展绿色经济，实施了一大批生态治理工程，给新疆脆弱的生态环境减压，同时加大了对环境污染治理的惩处力度，完善了监督管理制度。2017年新疆生态环境得到很大改善，现代化高标准农田的建设越来越完善，新疆牧区深化改革目标取得较大的成果，沙漠化治理取得显著成效，党的十九大提出“绿水青山就是金山银山”的理念后，新疆的旅游业、休闲农业、绿色农业、沙产业、新能源等产业积极推进了新疆社会经济的增长。新疆由“二三一”产业格局稳步发展到“三二一”产业格局（以三大产业所占新疆 GDP 的比重为依据），产业结构正在逐步实现优化。但是目前存在投资回报率低、经济效益低、生态绩效低、新能源产能过剩等问题。

横向比较这三个年份里新疆各地州市的生态—经济耦合协调度，克拉玛依市的耦合协调度一直是最高的，但也没有达到高度耦合协调 0.60 ~ 0.79。克拉玛依市与乌鲁木齐都是经济发达的城市，但克拉玛依市的能源更为丰富，人口密度只有乌鲁木齐的 1/5，所以生态—经济耦合协调度比乌鲁木齐高一些，但克拉玛依市仍处在向资源节约型城市转型的阶段。2005 年生态—经济耦合协调度最低的是博州和克州，处于濒临失调阶段 0.00 ~ 0.39，主要是因为经济发展落后于其他地区，开发强度不足，但博州生态—经济耦合协调度增长速度快，从 2005 年的第 14 名提升到 2017 年第三名，克州仍然在末尾，与政府的财政政策和该地区的社会资本有直接的联系。伊犁市、塔城、阿勒泰从 2005 年的上位区下滑到 2017 年的中位区，哈密市和和田地区从 2005 年的下位区下滑到 2017 年的最末尾，五个地方一直处于低度协调状态 0.40 ~ 0.59。哈密市主要是绿色经济发展相对缓慢。伊犁州、和田属于少数民族欠发达地区，伊犁州由于早年间森林的过度砍伐和水资源的过度开采，导致其生态系统一直很脆弱，加上在“十二五”之前，大量工业废水排入伊犁河，严重破坏了生态环境。所以，虽然近年来伊犁州在植被种植恢复和河谷治理上取得了巨大成果，但生态—经济耦合度仍处于低协调度。

由图 6－7 可看出，新疆各地州市的生态绩效—资源环境承载力在 2011 年整体低于 2005 年，主要原因是 2011 年新疆各地州市几乎都处在产业结构调整阶段，此前在经济高速发展时期，消耗了大量资源，造成了大量环境污染，严重破坏了生态系统，生态绩效低下。2017 年新疆环保工作虽然取得积极进展，但由于前几年过度消耗资源，局部环境污染和生态破坏问题仍较为突出。

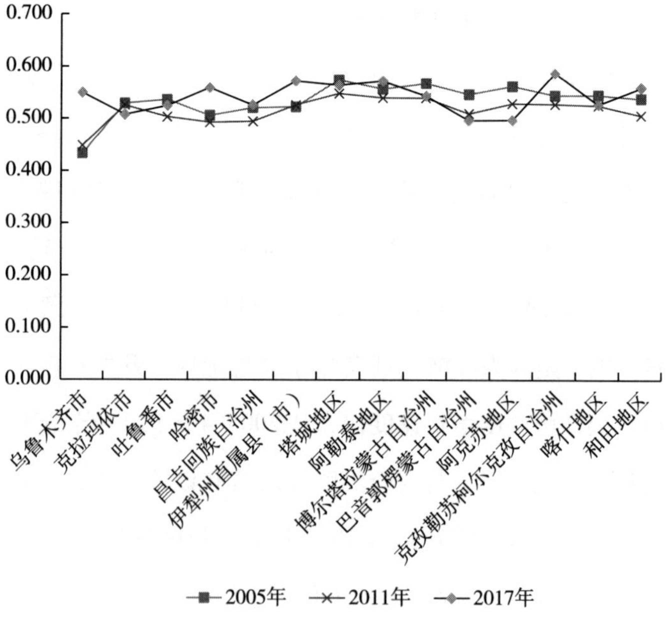

图 6－7　生态绩效—资源环境承载力

纵向比较每个年份各地市之间差异显著，2005年与2011年各地州市空间差异几乎一样，生态绩效—资源环境承载力最低的是乌鲁木齐，处在低度协调状态0.40～0.59，主要是乌鲁木齐人口规模大，居民消费能力大，工业耗能量大，能源利用率低。然后是吐鲁番、哈密、巴州、和田也处于低度协调状态0.40～0.59，其余都处于中度协调状态。2017年乌鲁木齐、哈密、和田进入稳定的中度协调状态，克拉玛依市、巴州、阿克苏协调度低于前两个年份。乌鲁木齐主要是先一步进行产业结构调整，提高了生态绩效，向环境友好型城市转型。哈密市主要是近几年环境污染治理取得了很大进展，和田主要是沙漠化、盐碱化治理初见成效，其余处于低度协调的州市具有很大的提升空间，继续升级调整产业结构，向资源节约型或环境友好型州市进军。

6.6 结论

通过构建新疆2005～2017年生态绩效和资源环境承载力两大指标评估体系，利用TOPSIS模型和耦合模型对新疆13年的资源环境承载力和生态—经济的耦合协调度的评估，得出如下结论：

（1）2005～2017年，新疆资源环境承载力、资源承载力、环境承载力总体呈现出在曲折波动中不断上升的动态变化趋势，新疆资源环境承载力从2014年开始由此前的临界水平（0.30，0.4］阶段转向适度协调（0.40，0.6］阶段，表明新疆正在向资源节约型省份转型，但转型速度与质量急需提高。

（2）2005～2017年，南疆资源承载力显著高于北疆，但经济发展力显著低于北疆，即新疆区域发展严重不平衡。所以新疆需要着眼全局，加强区域间的协调合作，合理配置资源。

（3）2005～2008年南疆环境承载力高于北疆，但从2009年起南疆环境承载力开始低于北疆。说明南疆生态环境比北疆更加脆弱，政府针对区域经济环境差异问题，要深入区域顶层设计。尤其是要深化供给侧结构性改革，让市场在生态文明建设中起到主导作用，提高居民参与度，把治理环境与产业结构调整、人口结构优化、市场监督紧密结合起来。

（4）2005～2017年，新疆生态绩效—经济发展耦合协调度呈现稳步上升态势，即新疆发展经济的同时注重提高资源利用效率、保护生态环境系统，逐步走上生态—经济可持续发展道路。2005～2017年新疆各地州之间生态绩效—资源环境承载力耦合协调度差异较显著，局部地区环境污染和生态破坏问题较为突出。所以在环境污染治理这方面，政府需完善管理制度，健全相关法律法规，通过市场化手段，加强监督管理。

第7章　新疆土地利用与生态环境保护协调发展

《“十三五”生态环境保护规划》提出，加强生态环保合作，发挥生态环保在“一带一路”建设中的服务、支撑和保障作用，共建绿色丝绸之路经济带。土地资源是人类社会和经济发展必要的载体，如果没有土地资源，人类社会将不会有较大的发展。改革开放以来，中国经济实现了快速的发展，但生态环境污染日益严重，严重威胁着人类身体健康。土地资源和生态环境之间存在着相对统一的关系，如果人类合理地利用土地资源，生态环境将更加协调发展；相反，如果人类滥用土地资源，那么生态环境将不可避免地受到严重威胁，这将不利于人类社会的可持续发展。本书主要对新疆土地利用与生态环境协调发展关系进行研究。

7.1　研究方法与数据来源

7.1.1　研究方法

本书采用协调发展模型分析新疆土地利用与生态环境的协调发展关

系：①采用层次分析法对土地利用系统与生态环境系统进行子指标分类；②采用极值法对新疆土地利用与生态环境的原始数据进行无量纲化处理，消除因单位及量级对研究的影响；③通过变异系数法对各个指标进行权重值计算；④通过协调发展模型相关公式计算新疆土地利用与生态环境的协调发展度值，分析新疆土地利用与生态环境的协调发展类型与程度。

7.1.2 数据来源

本书采用的数据主要来源于：①指标体系中的水产品养殖面积、城镇化率、城镇及农村居民恩格尔系数、工业废水排放量等具体数据值取自 2007 ~2016 年《新疆统计年鉴》；②指标体系中的农作物播种面积比重、地均社会消费品零售总额、地均农业总产值、工业固体废物综合利用率等数据通过 2007 ~2016 年《新疆统计年鉴》中的一些具体数据值计算而来。

7.2 土地利用与生态环境协调发展评估

7.2.1 评估指标体系的构建

通过参考有关文献和统计年鉴，本书建立如下指标体系。土地利用系统包括土地利用结构、土地利用社会效益、土地利用经济效益三个准则层；生态环境系统包括生态环境压力、生态环境状态、生态环境响应三个准则层。其中各个准则层包括若干子指标。具体见表 7 –1 和表 7 –2。

表 7－1　土地利用系统指标体系

目标层	准则层	指标层	单位
土地利用系统	土地利用结构与状况	农作物播种面积比重（C1）	%
		建设用地比重（C2）	‰
		水产品养殖面积（C3）	公顷
	土地利用经济效益	地均社会消费品零售总额（C4）	元/公顷
		地均固定资产投资额（C5）	元/公顷
		粮食单位面积产量（C6）	公斤/公顷
		地均农业总产值（C7）	元/公顷
		地均工业总产值（C8）	元/公顷
		地均第三产业总产值（C9）	元/公顷
	土地利用社会效益	人口密度（C10）	人/平方公里
		城镇化率（C11）	%
		城镇居民恩格尔系数（C12）	%
		农村居民恩格尔系数（C13）	%
		人口自然增长率（C14）	%
		城镇居民家庭人均可支配收入（C15）	元
		农村居民家庭人均纯收入（C16）	元

表 7－2　生态环境系统指标体系

目标层	准则层	指标层	单位
生态环境系统	生态环境压力	工业废水排放量（D1）	万吨
		工业废气排放量（D2）	亿平方米
		工业固体废物产生量（D3）	万吨
	生态环境状态	人均水资源拥有量（D4）	立方米/人
		绿化覆盖率（D5）	%
		造林面积（D6）	万公顷
	生态环境响应	工业固体废物综合利用率（D7）	%
		生活垃圾处理率（D8）	%
		环境污染治理投资额（D9）	亿元

7.2.2 协调发展评估方法与分析

（1）土地利用与生态环境协调发展模型。通过阅读有关土地利用与生态环境协调发展的参考文献，本书采用以下模型分析新疆土地利用与生态环境的协调关系：

1）土地利用综合评估函数 $F(X)$ 与生态环境综合评估函数 $G(Y)$。土地利用综合评估分数和生态环境综合评估分数分别表示土地利用综合水平和生态环境的状况：

$$F(X) = \sum_{i=1}^{m} w_i x_i \tag{7-1}$$

$$G(Y) = \sum_{j=1}^{n} w_j x_j \tag{7-2}$$

其中，$F(X)$、$G(Y)$ 分别表示土地利用综合评估函数和生态环境综合评估函数；m、n 分别为土地利用综合系统和生态环境综合系统中指标的数量，w_i 和 w_j 分别表示土地利用系统和生态环境系统中各指标的权重；x_i 和 x_j 分别表示土地利用系统和生态环境系统中各指标经过无量纲化处理后的数值。

2）土地利用与生态环境协调发展综合效益评估函数：

$$T = \alpha F(X) + \beta G(Y) \tag{7-3}$$

其中，T 为土地利用与生态环境综合评估数值，反映土地利用与生态环境综合协调发展水平，一般 T 取值在（0，1）；α 和 β 分别表示土地利用综合水平和生态环境综合水平的权重。α 和 β 一般都取 0.5。

3）土地利用和生态环境协调度评估函数：

$$C = \left\{ \frac{F(X) \times G(Y)}{\left[\frac{F(X) + G(Y)}{2} \right]^2} \right\}^k \tag{7-4}$$

其中，C 为土地利用与生态环境之间的协调度，是用来反映土地利用与生态环境协调程度的指标；k 为调节系数，$k \geqslant 2$，本书取 $k=2$。协调度 $C\varepsilon$（0，1），C 数值越大，表明土地利用与生态环境之间关系越协调；C 值越小，表明土地利用与生态环境之间关系越不协调。

4）土地利用与生态环境协调发展度评估函数：

$$D=\sqrt{C \cdot T} \tag{7-5}$$

其中，D 为土地利用与生态环境之间的协调发展度，C 为土地利用与生态环境之间的协调度，T 为土地利用与生态环境综合评估数值。

（2）数据指标无量纲化。研究土地利用与生态环境协调关系涉及的指标比较多，为了消除各指标因单位不同、量纲不同、数量级不同对评估结果的影响，我们要用数学的方法对原始数据无量纲化，使各指标间能够相互对比及计算。评估指标分为正向指标和逆向指标，正向指标越大越好，例如人均水资源拥有量、粮食单位面积产量；逆向指标越小越好，例如工业废水排放量、工业废气排放量。本书采用极值法对原始数据无量纲化，主要公式为：

1）正向指标：

$$y=\frac{x_{ij}-x_{\min}}{x_{\max}-x_{\min}} \tag{7-6}$$

2）逆向指标：

$$y=\frac{x_{\max}-x_{ij}}{x_{\max}-x_{\min}} \tag{7-7}$$

其中，y 为经过无量纲化处理后的数值，X_{ij} 为评估指标的原始数据值，$X_{\max}$、$X_{\min}$ 代表第 i 项指标原始数据的最大值和最小值。根据表 7-1 和表 7-2 建立的土地利用系统与生态环境系统的指标体系，收集新疆 2006～

2015 年土地利用与生态环境子指标的具体原始数据，通过式（7－6）和式（7－7），对土地利用与生态环境原始数据进行无量纲化，得到表 7－3。

表 7－3 新疆土地利用与生态环境无量纲化结果

指标 \ 年份	2006	2007	2008	2009	2010	2011	2012	2013	2014	2015
C1	0	0.1	0.17	0.27	0.29	0.41	0.48	0.53	0.93	1
C2	0	0.04	0.11	0.19	0.26	0.41	0.63	0.93	1	0.81
C3	0.86	1	0.47	0.4	0.38	0.48	0.06	0	0.25	0.29
C4	0	0.07	0.16	0.24	0.32	0.44	0.57	0.7	0.91	1
C5	0	0.03	0.08	0.14	0.22	0.34	0.51	0.72	0.89	1
C6	0.71	0.93	0	0.32	0.31	0.59	0.57	0.79	0.9	1
C7	0	0.1	0.16	0.23	0.53	0.59	0.74	0.88	0.98	1
C8	0	0.08	0.26	0.16	0.47	0.75	0.83	0.87	1	0.77
C9	0	0.06	0.12	0.17	0.23	0.38	0.57	0.76	0.88	1
C10	0	0.16	0.26	0.37	0.42	0.53	0.63	0.68	0.79	1
C11	0	0.13	0.18	0.21	0.52	0.66	0.65	0.7	0.88	1
C12	0.44	0.5	0.15	0.31	0.32	0	0.09	0.51	0.91	1
C13	0.3	0.29	0	0.11	0.25	0.74	0.75	1	0.93	0.97
C14	0.47	1	0	0.29	0.35	0.29	0.41	0.47	0.82	0.59
C15	0	0.09	0.16	0.21	0.3	0.42	0.57	0.69	0.82	1
C16	0	0.07	0.13	0.19	0.32	0.45	0.61	0.76	0.89	1
D1	1	0.25	0.94	0.78	0.74	0.46	0.36	0	0.07	0.35
D2	1	1	0.94	0.89	0.76	0.62	0.39	0.16	0	0.1
D3	1	0.96	0.91	0.8	0.7	0.55	0.2	0	0.19	0.27
D4	0.79	0.52	0.34	0.19	1	0.45	0.51	0.55	0	0.41
D5	0	0.25	0.24	0.8	0.81	0.84	0.75	0.81	0.95	1
D6	0	0.24	0.7	1	0.5	0.44	0.44	0.24	0.19	0.44
D7	0.06	0.01	0.11	0	0.09	0.66	0.38	0.48	0.89	1
D8	0.03	0	0.97	0.97	0.98	0.95	0.97	0.96	0.98	1
D9	0	0.02	0.05	0.08	0.07	0.33	0.42	0.51	0.67	1

资料来源：根据 2007～2016 年《新疆统计年鉴》计算整理所得。

（3）评估指标权重的确定。在我们对新疆土地利用与生态环境进行协调度综合评估时，由于各指标对整个评估体系影响不同，因此我们需要对各指标赋予权重。指标权重越大，其指标对整个评估体系影响越大；指标权重越小，其指标对整个评估体系影响越小。本书采用变异系数法对各指标赋予权重，变异系数法是通过各指标内部间变异信息量来确定指标权重。其主要步骤为：

设有 m 个参评指标，每个指标有 n 个参评样本。

1）求各个指标的均值和标准差：

$$\bar{x}_i = \frac{1}{n}\left(\sum_{j=1}^{n} x_{ij}\right) \tag{7-8}$$

$$s_i = \sqrt{\frac{\sum_{j=1}^{n}(x_{ij} - \bar{x}_i)^2}{n}} \tag{7-9}$$

2）求各指标的变异系数：

$$v_i = \frac{s_i}{\bar{x}_i}，其中\ i = 1,\ 2,\ 3,\ \cdots,\ m。 \tag{7-10}$$

3）求各指标的权重：

$$w_i = \frac{v_i}{\sum_{i=1}^{m} v_i} \tag{7-11}$$

由表7－3以及式（7－8）、式（7－9）、式（7－10）、式（7－11）计算得到各个指标的权重如表7－4所示。

（4）协调发展度的计算。

1）土地利用与生态环境综合得分的确定。

通过式（7－1）、式（7－2）、表7－3、表7－4，计算得到 $F(X)$、$G(Y)$ 的综合数值，得到表7－5。

表 7－4　新疆土地利用与生态环境各指标权重

指标	C1	C2	C3	C4	C5	C6	C7	C8	C9
权重	0.04	0.05	0.04	0.04	0.05	0.03	0.04	0.04	0.05
指标	C10	C11	C12	C13	C14	C15	C16	D1	D2
权重	0.03	0.04	0.04	0.04	0.03	0.04	0.04	0.04	0.04
指标	D3	D4	D5	D6	D7	D8	D9		
权重	0.04	0.03	0.03	0.04	0.06	0.03	0.06		

表 7－5　新疆土地利用与生态环境综合数值

年份	2006	2007	2008	2009	2010	2011	2012	2013	2014	2015
F（X）	0.099	0.166	0.097	0.148	0.216	0.296	0.348	0.444	0.554	0.579
G（Y）	0.148	0.123	0.196	0.202	0.201	0.209	0.171	0.185	0.170	0.239

2）协调度的计算。

在计算土地利用与生态环境综合指数时，本书认为新疆土地利用与生态环境一样重要，α 和 β 取值都为 0.5。根据式（7－3）、式（7－4）、式（7－5），以及表 7－5 计算得表 7－6。

表 7－6　新疆土地利用与生态环境协调发展度

年份	2006	2007	2008	2009	2010	2011	2012	2013	2014	2015
T	0.124	0.145	0.146	0.175	0.209	0.253	0.259	0.315	0.362	0.409
C	0.908	0.943	0.796	0.976	0.994	0.934	0.787	0.685	0.517	0.684
D	0.336	0.37	0.341	0.413	0.456	0.486	0.451	0.465	0.433	0.529

7.3 评估结果分析

7.3.1 新疆土地利用与生态环境综合评估

2015 年新疆土地利用与生态环境综合评估数值较 2006 年有所增加，说明新疆土地利用水平与生态环境效益近十年是有所提高的。其中土地利用效益从 2006 年的 0.099 增长至 2015 年的 0.579，中间 2007～2008 年是递减的，但总体增长幅度还是比较大的，说明新疆这十年土地利用水平有较大提高，随着土地资源利用的不断增加，新疆经济获得了快速的发展，单位土地产生的社会效益、经济效益等有较大提高。从 2006～2015 年，生态环境效益从 0.1482 增加至 0.2387，而且各年递增方向不确定，但总体近十年新疆生态环境效益是有一定增加的，但不明显，说明新疆生态环境建设并不完善，需要进一步加强。从以上结果中可以看出，2014～2015 年，生态环境效益增长幅度较大，说明近两年新疆政府已经开始加强生态环境建设，未来新疆生态环境效益比较乐观。

7.3.2 新疆土地利用与生态环境协调发展类型分析

分析新疆土地利用与生态环境协调发展类型，首先要确定一个判断的标准。通过阅读有关资料与文献，得到判断标准。

通过比较 $F(X)$ 和 $G(Y)$ 数值的大小，还可以把每一协调发展等级划分为三种类型，当 $F(X) > G(Y)$ 时，协调发展类型为生态环境滞后型；当 $F(X) = G(Y)$ 时，协调发展类型为土地利用与生态环境同步型；当 $F(X) < G$

(*Y*)时，协调发展类型为土地利用滞后型。

根据表7－5、表7－6、表7－7可以判断出，2006年和2008年协调发展类型为轻度失调发展土地利用滞后型；2007年协调发展类型为轻度协调生态环境发展滞后型；2009年协调发展类型为濒临失调发展土地利用滞后型；2010～2014年协调发展类型为濒临失调发展生态环境滞后型；2015年协调发展类型为勉强失调发展生态环境滞后型。由此可知，2006～2015年，新疆大部分时间都是生态环境滞后型，说明新疆在经济快速发展的时候，生态环境遭遇到一定的压力，生态环境需要进一步改善。

表7－7　新疆土地利用与生态环境协调发展等级划分标准

协调发展度	[0, 0.1)	[0.1, 0.2)	[0.2, 0.3)	[0.3, 0.4)	[0.4, 0.5)
协调发展等级	极度失调	严重失调	中度失调	轻度失调	濒临失调
协调发展度	[0.5, 0.6)	[0.6, 0.7)	[0.7, 0.8)	[0.8, 0.9)	[0.9, 1]
协调发展等级	勉强失调	初级失调	中级失调	良好失调	优质失调

7.3.3　新疆土地利用与生态环境协调发展度变化分析

新疆土地利用与生态环境之间协调度从2006年的0.336增加到2015年的0.529，说明新疆土地利用与生态环境协调关系是由不协调向协调方向变化的。随着近十年新疆土地利用的不断增加，新疆经济取得了快速的发展，生态环境得到了一定的改善，但并不太明显。2009～2014年，新疆土地利用与生态环境之间的协调发展度数值仅增加0.193，而且每年增减方向不定，说明随着土地资源利用的不断增加，新疆政府并没有特别关注生态环境，十年间新疆生态环境建设并没有跟上经济快速发展的步伐，新疆政府主要投资工业企业，对生态环境建设投入不大，未来新疆生态环境需要重点建设，从而为人民提供更好的生活环境。

7.4　政策启示

基于研究结论，笔者提出如下政策建议：第一，制定相关法律法规，强化政府生态责任意识，由生态治理向生态预防转变；第二，加大生态治理力度，推进生态补偿机制的建立，同时为生态环境建设提供资金保障；第三，转变土地粗放型利用模式，以生态循环经济和循环经济为基础来建立环境友好型土地利用模式，提高土地效益，增加土地附加值。

第8章　新疆生态 SWOT 分析及其面临的机遇与挑战

8.1　新疆生态的优势

“一带一路”倡议在新疆落地生根，资源优势、地缘优势、文化优势及市场前景受到青睐，大量优秀企业入驻新疆，为新疆经济社会发展注入了新的活力。

8.1.1　丰富的资源优势

新疆是个拥有辽阔地域、适宜气候、复杂地貌和土壤的地方，因而不仅形成了鬼斧神工的自然景观，而且拥有极其丰富的自然资源。特殊的纬度位置导致新疆白天接受阳光照射的时间较长，从而能够获得充足的光热资源，同时因为新疆的温带大陆性气候造成白天与夜里的温度差比较大，以及固体水、地下水、湖泊水资源的充足，令整个新疆可种植面积区域大大增加，使区域内植物的种植面积达到总面积的90%以上，在这么多农作物之中，新疆棉花产量与质量领先全国；此外新疆被冠以全国五大牧区的美誉，拥有一望无际的草原，约有6000万公顷；另外，新疆森林大多生长在山区、平原等地，形成了西部干燥地区最重要的自然林区，其总面积占森林总面积的约1/3；由于新疆的地质特殊，成矿条件好，因此对于矿产的挖掘具有较大的潜力；同时新疆矿带占中亚地区的1/2。新疆旅游资源丰富，区内著名自然奇观有喀纳斯、吐鲁番葡萄沟、那拉提、可可托海以及金胡杨景区、天山大峡谷等。截至2018年底，新疆有旅游景区233个，国家历史文化名城、中国历史文化名村镇、中国传统村落名录、中国少数民族特色村寨共计50个。

新疆自然资源、生物资源丰富。其中截至2018年矿产资源已发现142种，查明资源储量的矿种有99种；还有新疆拥有丰富的土地资源，耕地面积有412.5万公顷；同时新疆的旅游资源颇具特色，自然旅游资源和人文旅游资源非常丰富，可满足不同人群的需求。野生脊椎动物近700余种，占全国的11%；国家重点保护动物116种，约占全国的1/3；野生植物达4000余种；特色林果品种多样，素有“瓜果之乡”的美誉。

8.1.2 独特的地缘优势

新疆土地占全国土地总面积的17%，在整个欧亚大陆都占有十分关键的地位，拥有160多万平方千米的行政面积；而且新疆地位特殊，与周边8个国家相邻，与我国3个省份相邻，成为了中国与中亚重要的贸易与交流通道；其5742.1千米的边境线占中国1/4；同时不仅拥有15个国家级口岸、3个航空口岸，还有12个省级口岸；截至2019年9月底，中国新疆已开通与哈萨克斯坦、吉尔吉斯斯坦、塔吉克斯坦3个国家5条农副产品绿色通道，在“一带一路”倡议下，“湖商贩客，日奔塞下”再现，政治、经济交往盛况再现于今日，形成了东进西出、全方位开放的局势。2019 年 1～11 月，新疆对外贸易进出口总值 1491.7 亿元人民币。目前，新疆有 9 个经济技术开发区、4 个边境经济合作区、3 个综合保税区、2 个经济开发区。中哈霍尔果斯国际边境合作中心既是世界上首个跨境自由贸易区，也是我国首个国际边境合作中心。新疆已成为“一带一路”倡议下，我国向西开放的重要窗口。

8.1.3 多元的文化优势

新疆历史文化底蕴深厚、文化资源十分丰富，新疆有 5000 多公里古“丝绸之路”的南、北、中三条干线，其景观享誉中外，有交河故城、楼兰古城遗址、克孜尔千佛洞等众多的人文景观。新疆也是个民族较多的地方，在数千年的历史长河中不断衍生出多样民族、语言和宗教文化。正是这些不同的民族、迷人的风光，还有那瀚海中沙埋的文明构成了新疆别具一格的民族文化。新疆拥有 56 个民族成分，汉、维、哈、回等 13 个主要民族定居新疆，他们之间相互交往交流交融，日常密切的生活往来使各个民族之间的文化相互影响、渗透，逐渐形成了多元并存与发展的独特文化体系。

8.2 新疆生态的劣势

8.2.1 人才教育的滞后

由于新疆经济比较落后，生态环境欠佳，人才流失的现象也十分严重。社会生产力的落后、缺乏竞争力的薪资，教育资源的落后使得新疆无法吸引、留住人才，在这 20 多年来新疆失去的高层次人才就有二十多万人，其中资历高的教师、学术带头人、技术创新骨干就有 10 万，人才资源面临的严峻局势，同大发展、大开发的现实需求不相匹配，尤其是南疆及偏远地区，每年高薪招聘大量人才依旧无人可用，各方面人才的欠缺严重制约了新疆的整体发展。

8.2.2　交通运输的制约

交通的不便利严重阻碍了新疆发展，由于本身面积辽阔，加上基础设施建设总体上落后，在互联网经济的当下，这种不便利显得尤为突出。新疆交通基础建设与发展经过长久的打造之后，有了突飞猛进的发展，新疆民航事业蓬勃发展的几年间，面向亚欧的国际货运班列线路则沿途穿过 17 个国家、24 个城市，增加将近 45%，其中的游客量、货物量和起降架次的三大指标分别增长了 51.7%、11.2% 和 52.8%，逐渐形成由中国新疆面向西方国家运输的多点始发、多地运行、多点到达的新局面。虽然总体情况发展貌似乐观，但区域发展的不协调性、经济发展的不均衡性使民航并没有深入渗透新疆日常交通。新疆如今在“一带一路”等政策下飞速发展，但不完善的公共基础设施、运载能力以及道路服务问题一直制约着新疆总体的发展。

8.2.3　科技创新的落后

虽然中华人民共和国成立以来，对新疆投入了大量人力、物力、财力以及科学技术来促进经济社会的发展，但是新疆科技水平基础薄弱，以及自然环境、地理位置的制约导致新疆的科技发展水平远远落后于全国平均水平。面对当前新疆的科技发展水平及状况和“瓶颈”问题，新疆科技创新服务功能不强，旧的发展模式、发展动能将难以实现“一带一路”倡议下中亚区域创新中心的战略目标。

8.3 新疆生态的机会

8.3.1 金融助力提高新疆生态绩效

金融业与生态绩效之间存在着一定的联系和制约关系，现代金融服务是支撑经济社会发展的重点，信贷是现代金融服务的主要工具。在现代金融服务体系下，生态文明建设与经济社会发展过程中，绿色信贷应运而生。从一个角度看，绿色信贷工具的支持是生态文明的发展必要保障，从另一个角度来讲，信贷工具产生作用时必须体现生态文明导向作用。“一带一路”倡议下，金融业对新疆未来的经济社会发展及其生态文明建设都有很大的帮助：其一，运用金融供给侧改革推动金融资源向生态修复及生态文明建设领域倾斜，从而使经济社会发展与生态系统平衡；其二，对金融服务体系进行创新，并利用有效风险管理工具对相关的金融风险进行有效管理；其三，推动金融供给侧结构性改革引导金融资源向生态领域倾斜，从而使生态环境与金融资源达到优化配置的效果。

8.3.2 对口援疆

由于新疆经济发展的落后、人才资源的严重缺失，导致新疆各个方面发展总是相较于东部地区、中部地区缓慢，但对口援疆项目可以为新疆注入新的血液，提供生态环境保护、经济发展、资源整合规划方面的专业人才资源，同时还为新疆教育提供支援教育资源（人才和设施设备），在保证“输血”的同时还能“造血”，为新疆培养本区发展所需要的人才资源，推动新疆经济、生态协调发展及未来发展的独立性提供了保障。同时，引进东部、中部地区生态方面的优质企业，不仅增加了新疆市场活力，还为本土生物、生态企业带来有关管理、生产和人才方面的基础建设，加大了新疆生态资源的开发力度，并进一步激发了新疆经济的未来发展，推动了中部、东部地区和新疆资源的整合和置换。

8.3.3　乡村振兴

新疆多处地区生态环境异常脆弱，导致居民生活水平较低，而新疆作为“丝绸之路”经济带核心区域，更要加强乡村振兴的贯彻落实。在经济发展的同时要特别注重对生态环境的保护和建设，并且在振兴乡村的同时也不能破坏环境以便得到永续发展。同时，要让群众能够分享其中的红利，对生态加以重视以防其进一步遭到破坏和打击，再根据当地的真实情况加以调动一切因素，积极发展边远地区当地特色产业，实现乡村振兴。

8.4　新疆生态的威胁

8.4.1　土壤重金属

现如今人类的生活习惯已经对土壤造成了严重的破坏，工农业生产也在对其不断干扰，其中，备受关注的是新疆土壤的重金属污染问题，城市的发展离不开工业的支持，其“三废”、交通运输、生活垃圾、大气降尘、冬季燃煤等都会给城市带来大量重金属污染物及其颗粒，而土壤是污染物最终的源头和汇集处，同时也可以通过水体进入土壤之中以及从地表上的径流、湖泊和水库等途径进入水体底层土壤，进而进入土壤对其造成重金属污染。

8.4.2 大气污染

由于新疆特殊的地理条件、大气污染特征、居民生活方式、供暖方式等，使新疆大气污染物的来源及污染特征与内地多处地区有所不同，工业选址不合理，一部分工业园区建在市区附近，与市区之间未留出足够的缓冲地带，甚至个别工业园区建在市区内，工业园企业排放的污染物严重影响市民生活质量，造成十分恶劣影响。煤炭作为城市主要一次性能源之一短期难以改变，煤炭在运输、堆存、使用等环节排放的污染物、PM2.5 等对城市大气带来严重污染，同时机动车尾气排放已经成为影响城市环境质量的重要因素。工业污染治理能力、治理水平和治理效率亟待提高。

8.4.3 水质恶化

随着新疆经济得到快速的发展，工业废水的不合标排放、畜牧农业的不规范养殖、石油开采和资源开发等造成的水污染，以及突发性水污染事故概率的增加，都对水生态系统造成了巨大的危害，由于新疆畜牧业较为发达，造成水体富集营养化，产生严重的水体污染；同时工业发展和石油开采造成污染使水体各种重金属严重超标，水质安全不断受到突发污染事故的威胁。水生态的不安全与恶化，不仅对人们的生活造成了不利局面，对其生态经济也产生了一系列的破坏，更会制约新疆整体发展的速度。

8.5 "一带一路"倡议下新疆生态面临的机遇与挑战

新疆虽处在"一带一路"倡议下东亚与欧亚的核心区域，但与我国中部、东部地区相比，经济社会发展仍然存在较大的差距，自从习近平总书记提出了打造沿线国家命运共同体和利益共同体，共建"一带一路"倡议，将其作为合作目标，提供了一个包容、务实、共赢的发展平台，这也为相关区域生态业的发展提供了新的发展契机，各地开始积极对本区域目前以及未来生态发展方向做出合理规划，整合当地生态资源，进行合理开发利用，但有些地方出现过度追求生态经济效益，忽视生态业的可持续发展，出现生态资源被过度挖掘，从而形成不利局面。

8.5.1 "一带一路"倡议下新疆生态面临的机遇与挑战

（1）发展生态旅游的机遇。生态旅游贯穿着整个经济社会的长久发展，不仅关系到对自然生态环境的保护还有对生态资源的合理利用，每年都有很多世界各地的游客为新疆神奇的雪域和辽阔的大草原慕名而来，但由于西部环境本身比较脆弱，再加之人文生态环境又不易受控制，因此，新疆生态环境往往就会成为旅游的牺牲品。而生态旅游在"一带一路"倡议的引导下走可持续发展道路，不仅加强了自然环境监测，健全了新疆生态在法制及体制、机制方面的管理，与此同时加强本地居民及游客对生态环境的保护意识，积极鼓励本地居民参加生态旅游业建设，从而保护新疆的生物多样性。

（2）着力推进边境贸易发展。“一带一路”是一条贯穿多处地区的涉及了很多沿线国家和地区并由此形成欧亚大陆经济整合大趋势的倡议，它是一条有重要发展潜力的经济贸易发展经济带，“一带一路”倡议的提出，在打开国门市场同时，也为新疆的发展增加了新鲜的血液，这促使了周围多个国家与中国新疆进行经贸合作，以便达成双方在贸易水平上共赢的局面，在高效提升新疆的经济发展的同时，跟生态文明相关的一些观念也在投资贸易中日益凸显，在环境的保护与治理、全球气候环境变化对策以及生物多样性的保护方面合作继续加强，和新疆一起、和中国一起、和世界一起携手共建绿色发展的“丝绸之路”经济带。

（3）生态资源和能源的有效开发。新疆是“一带一路”沿线地区中拥有自然资源最丰富的地区，其拥有丰富的水资源；而矿产这一重要资源也是一项可观的开发项目；开发潜力巨大的油气资源，其远景也极其繁荣。但由于新疆环境比较脆弱，又是我国资源开发的重要地带，必须牢牢守住维护生态底线，我们要做好对其经济发展和生态环境的保护，做到发展与保护并举，二者缺一不可，要做到在保护中有条不紊地发展，在发展中能够高效地保护；此外，对有关法律法规也要进行完善，以对生态起到更有效的保护。总之新疆是个大宝库，合理有效地开发生态资源，将有力地推动生态和经济跨越式发展。

8.5.2 “一带一路”倡议下新疆生态面临的挑战

（1）产能过剩。新疆新型工业化建设在得到进一步发展后，各方面的投资金额也得到了大幅度提升，非石油工业快速发展，工业结构进一步改善，为自治区经济持续快速增长提供了有效支撑。但产业和区域发展不平衡问题较为突出，在国内已处于产能过剩的水泥、钢铁、电解铝、多晶硅、风电、光伏发电等行业，在新疆也得到了快速发展，并开始不同程度地出现供过于求的局面，有不少的行业在其生产方面出现了过剩的局面，并且重复建设也出现了不少问题，有待改善。

（2）生态资源分布分散，整合开发难度大。丝绸之路经济带沿线区域历史悠久，文化底蕴深厚，文化生态资源丰富，例如在这条经济带中涉及的沿线省份就包括新疆、陕甘宁、重庆等 13 个省（直辖市）。甘肃敦煌莫高窟、云南沿线独特的多民族文化风俗、新疆的楼兰古城和哈密回城、西藏藏传佛教文化等都是丰厚的历史文化生态资源。正是由于新疆地大物博，生态资源丰厚，这也导致新疆各区域景点横跨幅度大，景点间联系不密切。目前政府对于生态资源的规划管理不够完善，生态产品的发展缺乏创新，对文化生态资源开发较浅，生态资源层次不够明显，不利于生态资源的整合开发。加之新疆幅员辽阔这一地域特点导致诸多景点相互联系合作较少，不利于生态产品的成套体系建设，严重的还时常出现生态业内之间恶意竞争，有效的文化生态产业链条难以形成。

（3）生态产业涉及的生态基础设施建设不完善。新疆丝绸之路涉及范围广阔，各地区之间贫富差距明显，很多地区生态基础设施建设不够完善。尤其是新疆西北地区如乌鲁木齐、阿勒泰等生态城市，虽然生态资源十分丰富，但城市地理距离较远，生态资源开发难度大，基础设施建设不完善。

第9章 “一带一路”倡议下提高新疆生态绩效的路径分析

9.1 供给侧结构性改革推动金融资源参与技术创新

从根本上消除经济发展与生态之间的矛盾，必须提高科技水平，降低单位能耗，消除生态破坏的产业结构，加快推动供给侧结构性改革，大幅提高金融资源支持技术创新。

由于技术创新、知识创新、产品创新和商业创新过程有诸多不确定性和风险，加上支持创新驱动发展的金融服务体系并不完善，金融资源更倾向于进入财富驱动领域。放任金融资源流向财富驱动领域会阻碍创新驱动发展战略的实施，导致国家发展缺乏技术创新的后劲，甚至危害长期经济增长。市场机制本身无法促使创新驱动发展自动实现，需要政府政策强力介入干预金融资源的配置方向，引导金融资源更多配置到支持技术创新和商业创业的创新驱动领域，支持国家创新驱动发展战略的实施。

由于技术创新和商业模式创新的不确定性和风险较高，市场失灵导致创新驱动发展不会自动实现。金融资源天生的风险规避倾向导致国家在经历要素驱动和投资驱动阶段后很容易进入财富驱动模式，金融资源过多配置到财富驱动领域，会阻碍创新驱动发展导致国家发展缺乏技术创新后劲，容易陷入“中等发达国家陷阱”。因此，实现创新驱动发展需要政府强力介入纠正金融资源的配置方向，引导金融资源更多地支持创新驱动发展。政府制定创新驱动发展的金融支持政策时应考虑创新驱动的高不确定性特征，通过完善金融体系对技术创新的风险分散和风险分担机制，引导和撬动金融资源进入创新驱动领域。同时充分认识金融资源过多进入财富驱动领域对经济增长的危害，通过税收、调控、监管等政策措施纠正金融资源的错配，引导金融资源回归到支持创新驱动发展的道路上。

围绕降低创新驱动发展不确定性和风险，笔者提出以下政策建议：第一，完善金融体系对技术创新的风险分散和风险分担机制。发挥金融体系风险分散功能，降低创新驱动不确定性和风险。第二，完善科技创新的金融服务体系。强化金融机构风险配置和风险管理的能力，提升金融体系对技术创新试错过程的风险容忍度。第三，发挥政策性金融对创新驱动发展的支持作用。鼓励政策性金融服务体系利用财政贴息、担保风险补偿等手段建立技术创新风险分担和风险分散机制，同时充分发挥政策金融杠杆作用，引导、撬动金融资源服务创新驱动发展。第四，鼓励风险投资、私募股权基金的创设和发展。积极引导风险投资、私募股权基金对初创期和成长期科技企业的长期股权投资，发挥风险投资公司对企业技术创新早期投入的融资支持优势。第五，扭转金融资源对财富驱动领域的过度配置。充分发挥政策力量干预影响金融资源的有效配置，通过税收、调控、监管等措施纠正金融资源过度进入财富驱动领域，引导金融资源更多地进入创新驱动领域。此外，笔者还认为必须要明确政府和市场的边界，在纠偏政策的同时努力发挥金融市场自身优势，引导和激励金融资源自动向技术创新和创新驱动领域倾斜，更好地发挥金融体系支持创新驱动发展的战略作用。

9.2 引入风险投资 降低技术创新的不确定性

风险投资参与可以降低技术创新不确定性，围绕提高风险投资机构对风险的容忍程度，进而提高技术创新绩效的影响路径。笔者提出以下政策建议：第一，提升风险投资机构支持高新技术企业创新的风险管理能力。充分发挥风险投资机构在分散、对冲、转移技术创新风险的作用，通过提升风投机构风险管理能力，提高其风险承受度，引导其向高风险科技型企业倾斜。第二，根据企业不同的技术阶段采取差异化的风险投资策略。在技术初始探索阶段，企业可以通过增加风投次数或增加风投机构数量，提高研发效率；在技术推广阶段，企业可以考虑尽早引入风险资本，提升技术商业化效率。

围绕促进企业技术创新，笔者提出以下政策建议：第一，在“一带一路”倡议下，优化外源融资结构，提高股权融资比例。积极发展规范活跃的“一带一路”股票市场带动风险投资市场的发展，以分散、对冲科技型企业导入期技术创新风险。第二，提高政府行政效率，完善金融服务科技创新体系。制定和完善有利于企业技术改造、技术创新的政策法规、税收优惠，强化科技体系、金融服务体系对企业技术创新的支撑作用，为企业技术创新提供良好的市场环境、法律环境和融资环境。

9.3 编制自然资源资产负债表并加强生态绩效审计

9.3.1 编制自然资源资产负债表

（1）宏观层面。结合自然资源资产负债表编制难点，要按照由简到繁、由易到难的工作原则，从开展试点着手，先选择容易核算的排污权、水、土地、矿产、绿化地等科目，进行确认和计量其实物数量及价值量，核算自然资源资产、负债，形成初步的自然资源资产负债表，然后逐步再扩大核算范围，逐步建立自然资源资产负债表的编制方案框架和制度方法，通过试点论证，完善自然资源资产负债表编制方法。

发挥资产评估机构的作用。编制自然资源资产负债表需要对现有财务、统计制度进行改革，必须突破传统的资源无价观念，对自然资源进行价值量化，但自然资源市场化程度低，市场价值扭曲、难以体现真实价值，如何对资源的实物量和价值量进行全面核算，需要资产评估机构充分发挥其价值判断功能，对自然资源资产、负债进行货币量化。资产评估机构在探索编制自然资源资产负债表的工作中具有突出重要的作用。

实行生态核算。要集中该领域的专家、学者，尽快研究出台有关自然资源资产负债表编制的规定。只有在生态会计核算基础上，依据生态责任审计核实后的数据，才能编制出真实、可靠、公允的自然资源资产负债表。

（2）微观层面。设置累计消耗账户。编制自然资源资产负债表，应设置累计消耗总账科目，下设水、煤炭、石油、天然气等明细科目。累计消耗账户属于资产类备抵账户，用以核算自然资源资产累计耗用（损耗）价值。贷方登记自然资源资产耗用额。期末贷方余额反映自然资源资产累计消耗额。自然资源资产账户余额减去累计消耗账户余额，即可确定自然资源资产净额。

自然资源资产负债表本身不能起到对自然资源的控制作用，其仅仅是管理当局的一个管理工具和管理创新手段。当自然资源资产负债表加之地方政府的责任审计、广大老百姓的监督等，自然资源资产负债才能起到促进国家良治的作用。自然资源资产负债表项目、格式、编制方法等目前没有统一、规范的可以直接利用的操作规程，需要大胆地探索。

9.3.2 加强生态核算

国家层面建立统一的自然资源要素的确认、计量、核算、信息披露等标准和依据。如上文所述，编制自然资源资产负债表。

针对不同行业对自然资源分散管理，我国应尽快对各类自然资源建立统一的管理平台，以实现各类自然资源相关数据的共享，利用大数据分析技术及地理信息系统遥感技术等新的审计技术对自然资源的数量、质量、价值，及自然资源的存量、流量等获取充分适当的审计证据。

9.4 “一带一路”倡议下新疆生态发展策略

9.4.1 深化改善生态消费结构

新疆生态产品结构种类较少，多为简单的观光生态，生态服务方式较陈旧，缺乏国际竞争力优势，所以在“一带一路”倡议下应该开发多层次多方面的生态产品，在娱乐和文化建设中进一步开发挖掘潜力，提高生态产品附加值，加快生态产业结构的升级。

9.4.2 健全完善生态相关法律法规

生态的快速有力发展，需要得到完善健全的法律法规制度的保障。而在“一带一路”发展下不断完善法律法规管理系统，减少服务贸易的漏洞，才能更好地保障生态消费者和生态从业人员的合法权益，提高新疆整体的生态质量，为新疆生态发展创造一个良好的发展环境。

9.4.3 重视营销，准确定位

在“一带一路”背景下，生态的发展应该结合当地特色，抓住闪光点进行准确形象定位进行营销推广。推动生态业的发展，应该创新营销思路，针对区域特色进行区别营销，通过市场营销来推动市场生态资源的有效整合，带动吸引相关生态组合和相关产业的发展，为生态产业链的行程和发展铺平道路。

9.4.4 结合时代内容创新挖掘文化内涵

“一带一路”包含陆上丝绸之路经济带和海上丝绸之路，复兴古时的盛世繁荣，蕴藏着别样的深厚历史文化，沿线生态的发展应将传统的丝绸之路文化与当今时代文化融合，赋予其新的特色文化和生命力。古今文化的融合碰撞，发展形成新的特色的生态产品，吸引生态消费者，带动生态的发展。

9.4.5 加强生态行业人才培训，提高服务质量

新疆生态行业尚处于一个刚刚起步的阶段，生态服务从业者综合素质良莠不齐，不利于新疆提升生态口碑和外在形象，阻碍了新疆生态服务业的长期发展，行业需要加强改革与规范。

“一带一路”倡议下新疆的生态经济的发展，在面临巨大机遇的同时，要充分利用好这绝佳的发展平台，将生态长板优势继续发扬巩固，将生态“短板”劣势努力补齐。虽然同时也承受着巨大压力和风险，面临着前所未有的困难和挑战，但要将压力化为动力，以经济推动生态，以生态推动经济，发展新疆特色生态经济，使新疆生态经济实现长足发展。

第 10 章　研究结论与展望

“一带一路”倡议下，新疆生态绩效评估是针对目前生态文明建设过程中面临的核心问题开展的探索性研究，主要回答了“一带一路”倡议下新疆生态绩效评估指标体系如何选取，以及不同地州之间生态绩效存在哪些特征，以及如何改善当前绩效水平等一系列问题。因此，本书在深刻阐述了“一带一路”倡议下新疆生态脆弱的原因及影响因素的基础上，从不同视角构建了新疆生态绩效评估模型，同时深入分析了新疆生态绩效与资源环境承载力、新疆土地利用与生态环境协调发展，探讨了新疆在“一带一路”倡议下自身的优势、劣势、机会和威胁以及新疆生态面临的机遇与挑战，最后优化了新疆在“一带一路”倡议下提高生态绩效的路径。

10.1　研究结论

通过本书各部分研究，主要形成以下研究结论：

(1)“一带一路”倡议下，新疆生态脆弱的原因及新疆生态绩效的影响因素。本书首先分析了新疆生态脆弱的原因，然后通过灰色关联度和多元线性回归深入分析了新疆在“一带一路”倡议下生态绩效的影响因素。最后提出，“一带一路”倡议下新疆工业生产总值、农业生产总值、农用塑料薄膜、人口、水土流失治理、环境污染治理投资等是新疆生态绩效的直接影响因素。

（2）“一带一路”倡议下，不同视角下新疆生态绩效逐步提升。整体而言，新疆生态足迹较高于西北五省的平均水平，新疆人均实际生态承载力一直呈下降趋势，新疆的人均实际生态承载力和实际生态承载力均高于西北五省的平均水平，新疆长期以来处于生态赤字状态，整体而言新疆与西北五省均显示为生态赤字，表明生态绩效评估结果较差，自然资源的消耗不能满足人类的需求。

新疆近五年来生态环境建设 DEA 无效年比较多的原因是新疆生态环境特殊，生态稳定性脆弱，投入大量人力、财力、技术，不能获得立竿见影的效果，需要长期治理。生态绿当量逐渐增加，并且近几年没有出现输出不足的情况。环境质量在提升，新疆生态状况逐步好转。

新疆的生态绩效表现大致可分为三个部分。第一部分是新疆北部区域的自然资源生态环境绩效较高，对提高对周边城市的驱动效应、促进整体改善具有重要意义。乌鲁木齐作为新疆的首府城市，在自然资源生态环境绩效方面表现较好，经济发展速度较快。第二部分是新疆南部区域周边城市。巴音郭楞蒙古自治州的自然资源生态环境绩效较好，而周围相对较差。第三部分是东疆区域，资源合理配置和环境保护问题是重点要解决的问题。

（3）“一带一路”倡议下，新疆生态绩效与资源环境承载力的协调程度稳步上升。本书基于熵权法的 TOPSIS 法来评估新疆各地州市资源环境承载力的大小，“一带一路”倡议下，新疆资源环境承载力、资源承载力、环境承载力在2005～2017年总体呈现出曲折波动中不断上升的动态变化趋势。三个承载力的变化趋势大体相同，以资源环境承载力为代表进行分析，新疆资源环境承载力第一个波动期出现于2005～2013年，表现为在临界水平（0.30，0.4］上下波动的状态。在2009年和2013年出现低估，分别为0.3和0.4，计划都处于临界阶段水平（0.30，0.4］。新疆各地州生态绩效—经济发展力耦合协调度自2005～2017年经历了：勉强协调—低协调—中度协调稳步上升的态势，但仍未达到高度耦合协调，表明新疆正在向资源节约型省份转型，但转型速度与质量仍需提高。2005～2017年，南疆资源承载力显著高于北疆，但经济发展力显著低于北疆。2005～2017年新疆各地州之间生态绩效—资源环境承载力耦合协调度差异较显著，局部地区环境污染和生态破坏问题较为突出。

（4）“一带一路”倡议下，新疆土地利用与生态环境保护协调度不断提高。本书采用协调发展模型分析新疆土地利用与生态环境的协调发展关系，采用层次分析法对土地利用系统与生态环境系统进行子指标分类；采用极值法对新疆土地利用与生态环境的原始数据进行无量纲化处理，消除因单位及量级对研究的影响；通过变异系数法对各个指标进行权重值计算；通过协调发展模型相关公式计算新疆土地利用与生态环境的协调发展度值。新疆土地利用与生态环境之间协调关系是由不协调向协调方向变化的，生态环境得到了一定的改善，但并不太明显，单位土地产生的社会效益、经济效益等有较大提高。2006～2015年，新疆大部分时间都是生态环境滞后型，说明新疆在经济快速发展的时候，生态环境遭遇到一定的压力，生态环境需要进一步改善。

（5）提高新疆生态绩效的优化路径。从根本上消除经济发展与生态之间的矛盾，必须提高科技含量，降低单位能耗，消除生态破坏的产业结构，加快推动供给侧结构性改革，大幅提高金融资源支持技术创新水平。需要政府政策强力介入干预金融资源的配置方向，引导金融资源更多地配置到支持技术创新和商业创业的创新驱动领域，支持国家创新驱动发展战略的实施。在“一带一路”倡议下，优化外源融资结构，提高股权融资比例。积极发展规范活跃的“一带一路”股票市场带动风险投资市场的发展，以分散、对冲科技型企业导入期技术创新风险。同时，提高政府行政效率，完善金融服务科技创新体系。制定并完善有利于企业技术改造、技术创新的政策法规、税收优惠制度，强化科技体系、金融服务体系对企业技术创新的支撑作用。新疆应尽快对各类自然资源建立统一的管理平台，以实现各类自然资源相关数据的共享，利用大数据分析技术及地理信息系统遥感技术等新的审计技术对自然资源的数量、质量、价值，以及自然资源的存量、流量等获取充分适当的审计证据。另外，政府应深化改善生态消费结构、健全完善生态相关法律法规、加强人才引进和培养。

10.2 研究不足与展望

地方政府的生态绩效评估是促进地方政府转变经济发展方式的重要管理工具，对地方政府发展动力转换具有重要的引导和推动作用，但是由于评估指标不完备、绩效信息不对称，地方政府为了“生态政绩”而存在竞争的冲动，容易发生委托代理问题。

本书对“一带一路”倡议下新疆生态绩效评估进行了深入研究，但是由于新疆生态绩效评估研究存在自身的复杂性，研究仍存在一定的不足，以下研究仍需在未来进一步开展和完善：

（1）“一带一路”倡议下新疆生态绩效评估在计算生态足迹时，不同类型土地使用的均衡因子是直接利用前人的研究成果，且部分内容完成较早，样本数据截至2015年。将新疆生态足迹与西北其他四省进行了横向比较，这种比较没有考虑每个省份之间的差异，可能存在某种程度的不可比性。

（2）关键之一是确定能衡量评估目标的指标体系，本书在不同视角及研究方法下，选取不完全相同的指标。在采用数据包络方法研究新疆生态绩效时选取了四个输入指标和四个输出指标；在空间关联视角研究新疆生态绩效时选取了22个指标；在新疆生态绩效与环境承载力的耦合协调度研究中选取了10个指标；在新疆土地利用与生态环境保护协调发展研究中选取了9个指标。然而由于“一带一路”倡议下，新疆生态绩效复杂多样，在不同视角下进行生态绩效评估各有不同侧重点，因此如何构建更加精确科学的新疆生态绩效评估指标体系还需进一步探讨，因此今后研究中应进一步完善新疆生态绩效评估指标体系。

（3）本书从不同视角构建的新疆生态绩效评估模型，为“一带一路”倡议下新疆不同地州进行差别化的评估提供了一个新思路，但是由于生态绩效评估的复杂性和新疆不同地州之间的差异性，在下一阶段更长时间序列中进一步跟进研究，从而选择恰当的评估视角提高新疆生态绩效评估的准确性。

（4）本书在供给侧结构性改革及技术创新相关理论分析的基础上，针对“一带一路”倡议下完善新疆生态绩效，提出了供给侧结构性改革及技术创新的路径分析，该路径对提高生态绩效的作用机理、内部传导作用未进行深入分析。与此同时，引入风险投资以促进技术创新推动生态绩效提高，但关键是如何才能引入风险投资并没有深入探讨，地方政府该制定什么政策引导风险投资进入，是今后进一步研究的方向。

（5）“一带一路”倡议下，到底对新疆的生态有哪些机遇和威胁，将来又会发生什么变化，需要持续关注，为新疆未来长远政策制定提供理论支持和政策参考。

参考文献

［1］ Lisa Segnestam. Indicators of environment and sustainable development theories and practical experience ［R］. Washington D. C.: The World Bank Environment Department, 2002: 21－26.

［2］ Jehng－Jung Kao, Tze－Chin Pan, Chin－Min Lin. An environmental sustainability based budget allocation system for regional water quality management ［J］. Journal of Environmental Management, 2009, 90 (2): 699－709.

［3］ Stefan Hajkowicz. Allocating scarce financial resources across regions for environmental management in Queensland, Australia ［J］. Ecological Economics, 2007, 61 (3): 208－216.

［4］ 何艳桃，王礼力．中国农业经营组织的生态绩效评估方法研究［J］．重庆大学学报（社会科学版），2008（4）：45－49.

［5］ 温素彬．绩效立方体：基于可持续发展的企业绩效评价模式研究［J］．管理学报，2010，7（3）：354－358.

［6］ 宋叙言，沈江．基于主成分分析和集对分析的生态工业园区生态绩效评价研究——以山东省生态工业园区为例［J］．资源科学，2015，37（3）：546－554.

［7］崔许锋，张光宏，徐成，山凌．经济发达地区土地利用绩效评价及其改进路径探讨——以江苏省为例［J］．农业经济问题，2017，38（12）：81－88.

［8］田秀杰，符建华．生态功能区经济发展绩效评价研究——基于黑龙江省的实例［J］．统计与信息论坛，2018，33（3）：87－92.

［9］郑昕．自然保护区生态绩效评价研究［D］．东北林业大学博士学位论文，2008.

［10］安超，沈清基．基于空间利用生态绩效的绿色基础设施网络构建方法［J］．风景园林，2013（2）：22－31.

［11］曾琼，孟全省．自然资源净资产视角下的生态绩效评价——以陕南生态功能区为例［J］．农村经济，2017（8）：85－90.

［12］蒋瞻，蔡志坚，秦希．生态绩效增长视角下的林业生产要素优化［J］．南京林业大学学报（自然科学版），2019，43（6）：159－164.

［13］周旭东，吕光辉．基于超效率 DEA 模型的干旱区工业生态效率研究——以新疆为例［J］．干旱区研究，2019，36（2）：513－519.

［14］孙佰清，董靖巍，唐坤，冯英浚．相对动态绩效评价方法的思想和最新研究进展［J］．中国软科学，2010（11）：157－167.

［15］刘静．新疆地方财政林业支出绩效评价体系构建研究［D］．北京林业大学博士学位论文，2012.

［16］雷亚君，张永福，张敏惠，梁雪梅，邵新娟．新疆水资源生态足迹核算与预测［J］．干旱地区农业研究，2017，35（5）：142－150.

［17］刘芳，梁红军．基于 PSR 模型的新疆兵团水资源生态安全评估及制约因素分析［J］．新疆大学学报（哲学·人文社会科学版），2019，47（1）：26－33.

［18］张斌，赵国春．对口支援政策的生态环境效应评价［J］．地方财政研究，2019（6）：98－105＋112.

［19］刘志有，蒲春玲，闫志明，刘祥鑫，穆飞翔，苏睿，王嘉蓉，刘金芝，付万年，朱亚楠．基于生态文明视角新疆绿洲土地生态安全影响因素及管控机制研究——以塔城市为例［J］．中国农业资源与区划，2018，39（3）：155－160.

［20］赵喆，王宏卫，魏敏，桂阳，何珍珍．新疆丝绸之路南线生态安全及障碍度分析［J］．环境科学与技术，2018，41（2）：197－205.

［21］刘时栋，徐丽萍，张婕．新疆土地生态安全时空变化［J］．生态学报，2019，39（11）：3871－3884.

［22］韦良焕，杨茜，鞠美庭，赵先贵．基于足迹家族的新疆资源环境压力评估［J］．生态经济，2017，33（11）：167－171.

［23］张乃明，陈冬花，邢菲，刘赛赛，栗旭升，李虎．基于遥感生态指数的新疆干旱区博乐市生态变化分析［J］．水土保持通报，2019，39（1）：154－159，166.

［24］Peirone D. Knowledge and venture funding：Complementarities and financial contracts［J］．Industrial and Corporate Change，2007，16（5）：851－873.

［25］Lerner J. Venture capitalists and the oversight of private firms［J］．The Journal of Finance，1995，50（1）：301－318.

［26］Nanda R，Rhodes－Kropf M. Investment cycles and startup innovation［J］．Journal of Financial Economics，2013，110（2）：403－418.

［27］Ferrary M，Granovetter M. The role of venture capital firms in Silicon Valley's complex innovation network［J］．Economy and Society，2009，38

(2)：326 –359.

[28] Lahr H, Mina A. Venture capital investments and the technological performance of portfolio firms [J]. Research Policy, 2016, 45 (1)：303 –318.

[29] 李成，王婷．中国风险投资发展对创新资本的提升效应分析[J]．山西财经大学学报，2015 (10)：56 –65.

[30] 焦跃华，黄永安．风险投资与公司创新绩效——基于创业板公司的经验分析 [J]．科技进步与对策，2014 (10)：84 –89.

[31] 芦锋，韩尚容．我国科技金融对科技创新的影响研究——基于面板模型的分析 [J]．中国软科学，2015 (6)：139 –147.

[32] 杨胜刚，张一帆．风险投资对企业创新的影响——基于中小板和创业板的研究 [J]．经济经纬，2017 (2)：147 –152.

[33] 李爽．风险资本是否提升了中国企业的技术创新积极性？——基于资本价格扭曲背景下的"双重替代效应" [J]．西安交通大学学报(社会科学版)，2017，37 (2)：17 –23.

[34] 许昊，万迪昉，徐晋．风险投资、区域创新与创新质量甄别[J]．科研管理，2017，38 (8)：27 –35.

[35] 段海艳．企业持续创新影响因素研究 [J]．科技进步与对策，2017，34 (15)：87 –93.

[36] 何郁冰，张思．技术创新持续性对企业绩效的影响研究 [J]．科研管理，2017，38 (9)：1 –11.

[37] 邹双，成力为．风险投资进入对企业创新绩效的影响——基于创业板制造业企业的 PSM 检验 [J]．科学学与科学技术管理，2017 (2)：68 –76.

［38］罗军．融资约束与民营企业技术创新类型选择［J］．软科学，2018（1）：73－77.

［39］李春华．我国政府生态审计框架构建研究［D］．重庆理工大学硕士学位论文，2017.

［40］陈若华．企业生态收益会计论［D］．湖南大学博士学位论文，2013.

［41］陈献东．开展领导干部自然资源资产离任审计的若干思考［J］．审计研究，2014（5）：15－19.

［42］延鑫．基于生态文明建设视角下的政府审计研究［J］．经济师，2017（12）：110－112.

［43］牛晓叶，曹志文，赖志花．生态文明背景下政府环境审计的推行路径研究［J］．会计师，2016（13）：48－49.

［44］李明太．推进水利生态绩效审计的几点思考［J］．中国农业会计，2011（9）：16－17.

［45］黄溶冰，赵谦．自然资源资产负债表编制与审计的探讨［J］．审计研究，2015（1）：37－43，83.

［46］蔡春，毕铭悦．关于自然资源资产离任审计的理论思考［J］．审计研究，2014（5）：3－9.

［47］Nicholas Muller，Robert Mendelsohn，William Nordhaus［J］．Environmental Accounting for Pollution in the United States Economy［J］．American Economic Rereiw，2011，101（5）：1649－1675.

［48］姜黎．环境负债相关会计处理探讨［J］．财会通讯，2012，61（5）：61－62.

［49］唐勇军，李鹏，马文超．水资源资产负债表编制研究——基于领

导干部离任审计视角［J］．水利经济，2018，36（5）：13－20＋75－76.

［50］封志明，杨艳昭，闫慧敏，潘韬，江东，肖池伟．自然资源资产负债表编制的若干基本问题［J］．资源科学，2017，39（9）：1615－1627.

［51］张宏彦．基于科技创新导向的金融支持政策研究［J］．科技进步与对策，2012（14）：98－101.

［52］Caggese A. Entrepreneurial risk，investment，and innovation［J］. Journal of Financial Economics，2012，106（2）：287－307.

［53］Zhang L，Zhang S，Tao N A. Financial system risk tolerance capacity and economic growth：Evidence from a cross－country analysis［J］. Global Economic Review，2016，45（2）：97－115.

［54］Lindsey L. Blurring firm boundaries：The role of venture capital in strategic alliances［J］. The Journal of Finance，2008，63（3）：1137－1168.

［55］Keuschnigg C. Venture capital backed growth［J］. Journal of Economic Growth，2004，9（2）：239－261.

［56］李俊成，马菁．R&D 资金投入与科技创新——基于融资环境视角的研究［J］．中国科技论坛，2017（2）：135－142.

［57］司蔚．看江苏如何构建小康社会环境质量综合指数考核体系［J］．环境保护，2012（14）：62－64.

［58］王生昌，付迪，陈娟娟等．基于熵值法的汽车动力性能主观评估指标权重确定方法［J］．公路交通科技，2015（7）：2－6.

［59］王恺，林在生，詹小海，吴慧丹，卢翠英，陈训梅，林少凯．农村环境卫生质量灰色关联度分析［J］．预防医学，2017（4）：397－401＋404.

[60] 符国基．海南省生态足迹研究（第一版）[M]．北京：化学工业出版社，2007：10.

[61] 张帅，董泽琴，王海鹤等．基于生态足迹改进模型的均衡因子与产量因子计算——以某市为例[J]．安徽农业科学，2010：7496-7498.

[62] 徐中民．中国1999年生态足迹计算与发展能力分析[J]．应用生态学报，2003，14（2）：280-285.

[63] 黄艳嘉．基于生态足迹理论的江西省生态审计研究[D]．华东交通大学硕士学位论文，2014.

[64] 严茂超，李海涛，程鸿．中国农林牧渔业主要产品的能值分析与评估[J]．北京林业大学学报，2001，23（6）：66-69.

[65] Odum H T. Environmental accounting：Emergy and environmental decision making [M]. New York：John Wiley，1996.

[66] 刘大为，马文成，赵勃等．DEA方法在农业生产效率综合评价中的应用[J]．农业与技术，2005（2）：157-161.

[67] 王蕾，薛国梁，张红丽．基于DEA分析法的新疆北疆现代物流效率分析[J]．资源科学，2014：1425-1433.

[68] 宗跃光，陈红春，郭瑞华等．地域生态系统服务功能的价值结构分析——以宁夏灵武市为例[J]．地理研究，2000，19（2）：148-155.

[69] 胡蒙蒙，张军民，徐丽萍，唐湘玲，王玲．基于生态绿当量的玛纳斯河流域土地利用生态效益研究[J]．干旱区研究，2016，33（5）：996-1002.

[70] 梁星，刘杨东涵．基于空间关联分析的自然资源生态绩效评

估——以山东省为例［J］．会计之友，2017（18）：30－34.

［71］尹科，王如松，周传斌等．国内外生态效率核算方法及其应用研究述评［J］．生态学报，2012（11）：3595－3605.

［72］王俊杰．中国省级生态压力与生态效率综合评价——基于生态足迹方法［J］．当代财经，2016（8）：3－15.

［73］周翠烟．基于生态足迹的洞庭湖生态经济区全要素生态效率研究［D］．湖南师范大学硕士学位论文，2018.

［74］刘晓丽，方创琳．城市群资源环境承载力研究进展及展望［J］．地理科学进展，2008（5）：35－42.

［75］汪菲，杨德刚，王长建，夏文进，杨帆．新疆相对资源承载力及可持续发展时空演变特征分析［J］．中国沙漠，2013，33（5）：1605－1613.

［76］董文，张新，池天河．我国省级主体功能区划的资源环境承载力指标体系与评价方法［J］．地球信息科学学报，2011（2）：177－183.

［77］高丹丹，赵丽娅，李成．基于 PCA 和熵权法的神农架生态环境承载力评价［J］．湖北大学学报（自然科学版），2017，39（4）：367－371.

［78］郭轲，王立群．京津冀地区资源环境承载力动态变化及其驱动因子［J］．应用生态学报，2015（12）：3818－3826.

［79］王庆，严玉芳，李健．土地利用规划中的环境承载力评价研究——以黄陂区为例［J］．价值工程，2019，38（12）：179－181.

［80］王德怀，李旭东．山地流域资源环境承载力与区域协调发展分析：以贵州乌江流域为例［J］．环境科学与技术，2019，42（3）：222－229.

［81］段佩利，刘曙光，尹鹏，张海峰．城市群开发强度与资源环境

承载力耦合协调的实证［J］．统计与决策，2019（8）：49－52.

［82］陈晓，李景保，王飞，徐志．近10年间南京市生态环境与水资源的耦合关系［J］．水电能源科学，2017，35（7）：65－68.

［83］李永贺，赵威，蔡冰冰，张荣荣，杨慧．长江经济带城市投入产出与生态环境耦合分析［J］．华中师范大学学报（自然科学版），2018，52（4）：544－556.

［84］李俊翰，高明秀．山东省生态效率与资源环境承载力时空分异及耦合协调度研究［J］．生态经济，2018，34（10）：61－68，228.

［85］新疆维吾尔自治区人民政府［EB/OL］．http：//www. xinjiang. gov. cn/ljxj/xjgk/index. html.

［86］李永贺，赵威，蔡冰冰，张荣荣，杨慧．长江经济带城市投入产出与生态环境耦合分析［J］．华中师范大学学报（自然科学版），2018，52（4）：544－556.

［87］李俊翰，高明秀．山东省生态效率与资源环境承载力时空分异及耦合协调度研究［J］．生态经济，2018，34（10）：61－68＋228.

［88］王枫，叶长盛．广州市土地利用与生态环境协调发展评估研究［J］．水土保持研究，2011（3）：238－242＋246.

［89］张运祺．开封市土地利用与生态环境协调度评价［D］．河南大学，2012.

［90］姚志春，刘江．兰州新区土地资源利用与生态环境保护协调发展评价研究［J］．兰州学刊，2012（10）：190－194.

［91］郑晓非，张志全，胡远满，李秀珍．辽宁省土地利用与生态环境协调发展研究［J］．水土保持研究，2008（4）：212－215＋219.

［92］姜仁良．论土地资源利用与生态环境保护的七大协调机制［J］．

经济纵横，2013（12）：31－35.

［93］张琴琴，瓦哈甫·哈力克，袁玉芸，彭菲，卢龙辉．吐鲁番市土地利用与生态环境协调发展分析［J］．河北大学学报（自然科学版），2017（1）：71－79.

后　记

收到国家社会科学基金资助项目结题报告《“一带一路”倡议下新疆生态绩效评估》评审通过的消息，真心感到高兴。这个题目不好写，写好它不容易，看起来似乎很简单，实际上作为一个年轻学人，在学术道路上，每向前走一步都极不容易，家在河北，去西安读书，到新疆工作，一路走来，可谓千山万水，此中滋味，谁能晓得。而今能把国家社科基金资助项目结题报告整理出书，望能引起同道的共鸣，相互借鉴，相互促进。

生态问题的研究是近十几年来国内研究的热点话题，随着我国改革开放的深入，工业化进一步升级改造，全民生态意识和新疆生态问题引起国内外的高度关注，学术热点随之转移。要把新疆生态问题全面而细致周到地展开本身就是一件很吃力而且可能没有乐观成果的事情，更何况对于新疆的生态绩效进行评估，这个工作是对项目负责人知识积累、材料处理与模型建立的一个考验，没有一个现成圆满的范式可以参照，或者说借用某个成功的研究模式和思维范式，直接套用解决问题。

新疆生态绩效评估体系的建立是一个动态的处于不断完善中的过程，建立一个符合各个地方发展方向和目标的评估体系是很难的事情，或者说用这样一个体系是很难代替基层工作者常年在重复性工作中的经验积累和认知完善，进一步讲，将两者结合起来落实于生态维护的实践工作中还有一段路需要走完。尽管存在参数、指标等诸多的问题，但理论探索的脚步必须是一步一步踏踏实实走出来的。在此感谢国家社科办，感谢各位领导和同事们的热切鼓励和帮助。

李　伟
于塔里木大学